JN326592

改憲問題 Q&A

自由人権協会 編

岩波ブックレット No. 891

目次

はじめに

二〇一三(平成二五)年は、日本国憲法にとって、特別な年になりました。こんなに多くの市民が、日本国憲法を読み、その意味を考えたことはこれまでなかったと思います。

それはなぜか。憲法が憲法でなくなる危機に直面したからでした。

自民党は、二〇一二(平成二四)年四月に「日本国憲法改正草案」を発表しました。その年末の衆議院選挙で自民党を始め憲法改正を主張する政党の議員の割合が三分の二を超え、二〇一三年夏の選挙の結果、参議院でも改憲派の割合が三分の二に迫り、憲法改正は現実味を増しています。

憲法の改正には、国民投票が必要です。今、改正が行われるとすれば、自民党案が国民投票の対象となるでしょう。

ところが、自民党案とその解説「日本国憲法改正草案Q&A(増補版)」(どちらも自民党のホームページから入手できます)は、突っ込みどころが満載です。びっくりして目が点になる記述もあれば、こんなことを言っては日本が「世界の孤児」になってしまうと心配なところもあります。

そこで、このブックレットでは、今の憲法はダメだ、憲法改正に賛成だ、という方の疑問に答える形で、憲法が本来何を考えて何を護《まも》ろうとしているのか、お話ししたいと考えました。

自民党案について言えば、私たちが問題だと思うのは、主に次の四点です。

一つ目は、憲法とは何か、について根本的な理解が間違っていること。憲法は、「国を縛る鎖」です。「国民を縛る鎖」ではありません。今の政府が正しいと考える「道徳」を国民に訓示し、守らせるものでもないのです。

二つ目は、人権とは何か、についても根本的に理解が間違っていること。人権は、憲法によって国から「恩恵」として与えられるものではありません。人間であることによって、すべての人が普遍的に、当然に持っている権利で、国家、政府等の公権力が侵してはならないものです。人権が衝突したり、お互いの人権が守られる環境をつくるときには譲り合う必要もありますが、そのときも、たった一人の人権であっても大事にするという考えを出発点に、調整の方法を工夫しなければなりません。日本の憲法も世界の歴史の中にあります。このような人権の考え方は、発祥地は西欧でも、今や民主主義国家では世界共通のものです。私たちがこれを否定することは、世界人権宣言を受け入れて国際人権規約を批准し、人権の面でも世界のリーダーを目指してきた戦後の日本の自己像を否定し、「世界の孤児」になる道につながります。

三つ目は、「集団的自衛権」の行使を認めることが引き起こす危険を隠し、現在の九条が日本にもたらしている平和の恵みを帳消しにしようとしていること。

四つ目は、「日本の憲法改正手続きが極めて厳しく、民意を反映するためにその条件を緩和しよう」という主張が誤りであること。実は、世界を見回しても、日本の憲法改正手続きは、「ひどく厳しい」ものではありません。前提が間違っているのです。改正に慎重さを求め、その条件を厳しくすることは、世界の多くの国が採用している「智恵」です。

一言で言えば、この自民党改憲草案は、世界の民主主義国家で言う「憲法」ではありません。このQ&Aが、みなさんにとって、憲法を考える出発点となれば幸いです。

Q1 私はこれまでの人生で「憲法」のお世話になったことはないように思います。憲法は、何のためにあるのですか?

《憲法の役割・日本国憲法の三大原則》

家を買ったり、車を借りたり、スーパーで買い物をしたり、事故にあって賠償金を請求したり、離婚したり、親が亡くなって遺産を相続したり……。私たちは毎日「民法」のお世話になっています。酒を飲んで喧嘩になり、思わず相手を殴ってけがをさせれば、賠償を請求されるだけでなく、傷害罪に問われて「刑法」と嫌でもつきあうことになります。車を運転すれば「道路交通法」、会社をつくるときは「会社法」、投資をすれば「金融商品取引法」とも馴染みができます。しかし、毎日の生活で「憲法」を意識することは、ほとんどありません。

それでも、憲法は、いつも私たちの身近にあります。一つは、私たちの人権を国の横暴から守り保障するものとして、もう一つは、私たちが主権者であるという国の基本的な仕組みを定めたものとして存在しているのです。国は、私たちの人権を侵さないように振る舞わなければなりません。民法や刑法を始めとする法律は、憲法に基づいて国民の代表者が国会でつくります。行政も裁判も法律に基づいて動いています。もし間違って人権をあやうくする法律ができたら、裁判所が訴えを受けて、その法律は憲法に反し無効だと判断し、人権を護ることができます。

憲法を気にせず暮らせるのは、幸せなことです。それは、あなたの人権が危機に瀕していないと言えるからです。

憲法は、国のあり方を決めるもっとも基本的な決まりです。では、「○○党総統が国のすべてを決める」「国家をもっとも効率的に運営するために、議会や裁判所はつくらず、総統の命令に国民は従わなければならない」というように国のあり方を決めた「憲法」はどうでしょう。また、七世紀に聖徳太子がつくったという「一七条の憲法」は、儒教や仏教の教えの影響を受けて「和を以《もっ》て貴しと為す」(一条)などと、貴族や官吏に対する心構えを説いていますが、これは「憲法」でしょうか。実は、どちらも自ら「憲法」と名乗っていても、今の世界でいう憲法とは違います。

日本国憲法には、「この憲法が日本国民に保障する基本的人権は、人類の多年にわたる自由獲得の努力の成果であつて、これらの権利は、過去幾多の試錬に堪へ、現在及び将来の国民に対し、侵すことのできない永久の権利として信託されたものである」(九七条)と書かれています。憲法は、この基本的人権を保障するためにあります。大きな力を持つ国が、国民の基本的人権を傷つけることがないように「国を縛る鎖」の役割を果たします。そして、憲法全体が、基本的人権を守る仕組みとして組み立てられています。このように、国家の権力を制限することで国民の自由や権利を守ろうという考えに基づいているものが、近代の憲法と考えられているのです。

具体的に憲法の「国を縛る鎖」としての組み立てを見ると、まず、幸福を追求する権利や表現の自由や財産権の尊重や選挙権の保障など様々な人権を憲法に書きこんで、これを尊重するべきだと宣言しています。

次に、国の権力を、立法(国会)、行政(内閣)、司法(裁判所)の三つに分けて独裁を排し(三権分立)、そのうえで三つの部門がお互いに牽制《けんせい》しあうようにしています。

そして、一番大切なのは、平等の価値を有する個人である国民が主権者となり、選挙で代表者を選出して国会を構成し、その国会で民主主義の原則にしたがって法律をつくり、これに基づいて行政や司法が行われる仕組みです。国民に強制力のある法律を、国民が選挙で選んだ代表者で構成する国会で多数決で決めることにすれば、まずは多数派の人権は守られます。また、代表が活発に議論すれば、単純に数の多さで決めるのではなく、いろいろな利害を考慮して、より多くの人たちの権利が守られるよう工夫する道もあります。

ただ、それでも、最後は多数決で決する民主制は、基本的人権を守るという観点からすると、全面的に信頼することはできません。多数の人々が間違って、少数者の人権が侵害されたり、多数派・少数派を問わず大切にしている価値が傷つけられる危険はいつもあります。その時にも人権が守られるように、法律が憲法に違反していないかを判断する権限を裁判所に与えています。

このように憲法全体が、基本的人権を守るという目的に合うように組み立てられているのです。

ところで、日本国憲法には、三つの譲れない原則があります。

それは、**基本的人権の尊重**、**国民主権**、**平和主義**です。

すべての人が個人として尊重され、それぞれが平等に扱われ、生まれながらに持っている基本的人権が尊重されなければならないことは、今や世界で普遍的に認められている価値観です。

民主主義国家では、国の主権者は国民です。日本は、今の憲法ができるまで天皇に主権がある国家でした。主権は、最終的に国のあり方を決める権利ですから、天皇主権の国家では、国民が国のあり方を決めることはできません。でも、今は「国のあり方を決めるのは、国民ではなく天皇だ」と言う人はいないでしょう。

平和でなければ、人は安心して生きられませんし、自由だ権利だと言っても現実味がありませんから、平和主義は、個人の尊重を謳《うた》う憲法の当然の帰結です。特に、憲法は前文で「政府の行為によつて再び戦争の惨禍が起ることのないやうにすることを決意し」、「日本国民は、恒久の平和を念願し、人間相互の関係を支配する崇高な理想を深く自覚するのであつて、平和を愛する諸国民の公正と信義に信頼して、われらの安全と生存を保持しようと決意した。われらは、平和を維持し、専制と隷従、圧迫と偏狭を地上から永遠に除去しようと努めてゐる国際社会において、名誉ある地位を占めたいと思ふ。われらは、全世界の国民が、ひとしく恐怖と欠乏から免かれ、平和のうちに生存する権利を有することを確認する」と言っています。日本では、第二次世界大戦中に、三〇〇万人を超える国民が亡くなりました。主な都市はすべて破壊され、国民は、家族を失い、家も財産も消失したどん底から再出発することになりました。この体験から、平和がすべての前提であることは、国民の共通した認識となり、憲法の考え方の大原則となったのです。

大日本帝国憲法は、一八八九(明治二二)年に公布され、一九四六(昭和二一)年に今の憲法ができるまでの五七年の歴史の最期を国の壊滅的破壊の中で迎えました。この憲法の下では、国民に国のあり方を決める主権はなく、間違った政策に警鐘を鳴らす表現の自由は保障されず、軍が「憲法で軍は天皇の直轄と定められているから、時の政府や議会の制約は受けない」と主張して暴走しても、議会等が止める仕組みもないまま、破滅に至りました。それが、今の憲法をつくる上で教訓となったことを、憲法改正を考えるときには忘れてはいけないと考えます。

コラム1　大日本帝国憲法の制定過程

自民党の「日本国憲法改正草案Ｑ＆Ａ（増補版）」は、憲法の前文を改める理由として、「全体が翻訳調」で、「日本語として違和感」があるとしています。では、大日本帝国憲法（明治憲法）の前文（上諭）は、翻訳調ではなかったのでしょうか。

明治憲法の上諭は、六つの段落で構成されています。その第一段落は、「朕祖宗ノ遺烈ヲ承ケ万世一系ノ帝位ヲ践《フ》ミ」で始まる一つの文なのですが、全体が一七七文字と実に長く、分かりにくい。なぜこうなったのでしょうか？　実は、上諭の草案をつくったのは、ドイツ人のロエスレルでした。上諭は、天皇が自ら作成した形式をとりますが、ドイツ人が下書きしたため、「翻訳調」になりました。しかもロエスレルは、憲法本体の草案も起草しています。憲法から外来思想を排除したい人には許し難いことかもしれません。

しかし、明治憲法の作成過程を見れば、それはごく自然なことでした。明治政府は、明治一五（一八八二）年、伊藤博文参議（後の首相）に欧州各国の憲法研究を命じました。これにより伊藤は、約一年五カ月にわたってドイツやオーストリアなどに滞在し、学者たちから何十回も講義を受けています。帰国後、伊藤は井上毅らのほかにロエスレルにも憲法草案を起草させましたが、欧州で学んだ伊藤には何の違和感もなかったのでしょう。

それにしても、明治一五年から一〇年も経たない明治二二（一八八九）年に、憲法制定にまでこぎつけた当時の政治家の勉強ぶりは大変なものです。しかも、伊藤が、「そもそも憲法を創設する精神は、第一に君権を制限し、第二に臣民の権利を保護することにある」と立憲思想を説き、森有礼文部大臣が、「臣民の財産や言論の自由等は人民が天然所持するものであり、憲法においてこれらの権利が初めて生じたように唱えることはできない」と天賦人権論を述べたように、彼らは憲法の意義や人民の権利の根拠まで正しく理解していました。

ですから、今、日本国憲法が「翻訳調」で、「西欧の天賦人権説に基づいている」から新しい憲法が必要だという自民党の考え方は、明治憲法をつくった政治家に及ばないのです。（喜田村洋一）

Q2

今の憲法は、日本が第二次世界大戦で負けて占領されていた時代にアメリカに押しつけられたもの、と聞きました。独立国家として、そんな屈辱的な憲法は改正して当然でしょう。

《制定過程》

「占領下で押しつけられた憲法だ」と言われると、それだけで屈辱を感じる人もいるでしょう。しかし、実際はそうではありませんでした。当時の政治家も学者も国民も、自分の判断で憲法を選びとったのです。憲法のできたいきさつは、今、憲法を変える理由にはなりません。

日本国憲法は、日本がアメリカなど連合国に占領されていた一九四六（昭和二一）年一一月三日に公布されました。この年二月、連合国軍最高司令官マッカーサーは、日本政府に、憲法のもととなる案を示しました。そしてそれが、政府が今の憲法の草案をつくる出発点となりました。

しかし、日本政府や国民が、連合国軍総司令部（ＧＨＱ）に押しつけられて、抵抗もできずにいやいやながら、今の憲法を受け入れた、というわけではありません。

まず、総司令部の案そのものに、日本の学者や政党が発表した新しい憲法案も取り入れられています。たとえば、民間の憲法学者たちがつくった憲法研究会の案では、国の主権者は国民だと宣言し、国民の平等や自由のほか、アメリカの憲法にはない労働権や働けなくなったときに社会保障を求める権利なども列挙されていました。これが総司令部の案に影響を与えたことは知られています。また、研究会の中心だった鈴木安蔵は、大正時代に「民本主義」を主張した吉野作造の最後の弟子と言われ、昭和のはじめに、埋もれていた「東洋大日本国国憲按」をあらためて世の中に紹介しました。これは、明治時代の自由民権運動の思想家植木枝盛《えもり》がつくった憲法案で、人民の権利をきめ細かく定め、国がこれをむやみに侵害するときは、人民が抵抗し政府を倒すことも認めていました。明治の日本人の思想や吉野作造の民本主義などが、形をかえて今の憲法に受け継がれているとも言えるのです。

また、一九四六年二月、政府内で憲法案の検討が始まってから、一一月三日の憲法の公布まで、八カ月の間に、政府でも、議会でも、真剣な議論があり、もとの案はいろいろと修正されました。たとえば、政府は、二月から内部で検討し総司令部と協議して、もとの案の一院制を衆議院と参議院の二院制としたり、国民の代表である議員が国会で決めた法律であっても、それが憲法に違反しているかどうかを最終的に最高裁判所が判断できる権限を持たせたりしました。その後、三月には、国民に向けて、「憲法改正草案要綱」を発表し、それまでの大日本帝国憲法のどこを改正するかを説明した上で、四月に二〇歳以上の男女による衆議院総選挙を行いました。六月二〇日、新しいメンバーになった衆議院に、政府の憲法案が提案されましたが、激しい論戦があり、修正の協議もありました。たとえば、「すべて国民は、健康で文化的な最低限度の生活を営む権利を有する」（憲法二五条一項）という生存権の規定は、審議の過程で加えられました。前記の憲法研究会の案にも「国民ハ健康ニシテ文化的ナ水準ノ生活ヲ営ム権利ヲ有ス」との規定がありましたが、国民に、「国に対して健康で文化的な生活を保障せよと求める権利がある」という考え方は、当時の世界を見ても先進的で斬新《ざんしん》なものでした。これは、国民の生活になるべく国を関わらせないようにしようというアメリカの憲法の考え方とは、かなり肌合いが異なります。それでも、社会党の生存権の提案を受けて追加されました。

その後、八月二四日に、衆議院で採決が行われ、賛成四二一、反対八という圧倒的多数で、今の憲法案が可決されたのです（大日本帝国憲法を改正する手続きをしたので、大日本帝国憲法に従って衆議院以外に枢密院と貴族院でも審議し修正を加え、可決しています）。

連合国の占領軍が、国民が納得しない憲法を力を背景に押しつけたのであれば、議会で反対もできなかったでしょう。しかし、僅か八人とはいえ、最後まで反対した議員もいました。それ以外の大多数の議員たちは、自らの判断で賛成票を投じたのです。

さらに、憲法公布直後の一一月一七日には連合国の極東委員会から、翌年一月三日にはマッカーサーから、日本政府に対して、近い将来憲法改正を検討してはどうかという提案がありました。しかし、日本の国内からこれに応じようという声が盛り上がることはありませんでした。

確かに、憲法が新しくなったのは敗戦後まもない時期で、「日本は天皇の国」という戦前の考え方が一番だと思っていた人も大勢いました。その人たちにとっては、「国の主権者は天皇ではなく国民だ」「基本的人権が一番大事だ」と宣言する今の憲法は、天地がひっくり返るほど非常識に見えたでしょう。

しかし、三〇〇万人を超える国民を犠牲にし、国中が焼け野原になった戦争の悲惨さを体験し、また、自分の考えを自由に話すこともできない暗黒の時代を身をもって経験した多くの国民には、新しい憲法は、敗戦後の日本の未来をつくる輝かしい出発点として、受け入れられました。

その後、日本は独立を回復し、一九五五（昭和三〇）年の衆議院総選挙では、当時の首相鳩山一郎が「自主憲法の制定」をスローガンにしましたが、改正に反対する野党が躍進して憲法改正の提案に必要な三分の二の議席を獲得できず、また、翌年の参議院選挙でも憲法改正に必要な議席に届かず、結局、断念しました。

このように、戦後、憲法は国民に定着し、「占領時代の押しつけ憲法だから改正しよう」という掛け声が何度かあがったものの、そのたびに改正反対の機運が高まり、実現しなかったのです。

ずっと後になって、憲法をつくったときに首相だった吉田茂自身が、「私は制定当時の責任者としての経験から、〔今の憲法が〕押しつけられたという点に、必ずしも全幅的に同意し難いものを覚えるのである」と述べています（吉田茂『回想十年』第二巻、新潮社、一九五七年）。

また、一九四六年二月には、東京帝国大学に憲法研究委員会が設置されましたが、民法学者の我妻栄は、政府から発表された新しい憲法案を委員たちが知ったときのことを、「大多数の委員にとって、大きな驚きであると同時に大きな喜びであった。当時極秘とされていたその出所〔議論の出発点となった案が総司令部から示されたこと〕について委員会は大体のことを知っていた。しかもなお、これを「押しつけられた不本意なもの」と考えた者は一人もいなかった」と振り返っています（我妻栄「知られざる憲法討議――制定時における東京帝国大学憲法研究委員会報告書をめぐって」『世界』一九六二年八月号）。

憲法は、新しい日本の行く手を照らすものとして、政治家、学者を含め制定当時の国民に歓迎され、選びとられたものなのです。

コラム２　憲法と民法の関係

憲法は、国家の組織と公的機関、つまり、統治機構の仕組みと権限を規定しています。人間の尊厳に基づいた人々の権利や自由を、正当な根拠なく、侵害してはいけないという国家や公的機関の権限の限界も定めています。

一八世紀以降、近代立憲主義に基づく憲法は、人々の同意を根拠に、統治機構の権限行使を制限し、権限の集中を排除し、相互の抑制を実現することを重視してきました。憲法に根拠がない、憲法の規定からはみ出した、憲法を無視する統治機構の行為は憲法上無効ですが、そうした政府の行動を止めさせる効果的な仕組みを憲法に組み込むのは、容易ではありませんでした。

二〇世紀後半になると、統治機構の具体的な権限行使が憲法に適合しているかどうかを審査し、適合していない場合には、無効と宣言することができる権限を裁判所に与えたり、無効とすることができる新しい強力な組織を創設する憲法が多くなりました。憲法は、国家の組織と公的機関ができること、できないことは何かを宣言し、その宣言を守ると人々に約束しています。

また、国際連合憲章、世界人権宣言、その他様々な国際条約が提案され、日本も積極的にこれらの国際条約に署名・批准し、条約加盟国となったので、憲法に規定されている人々の権利と自由だけでなく、普遍的な基準に基づく権利と自由を尊重して、国家による権利侵害や自由の制限はしないことを約束しています。このように、憲法は国家による一方的な宣言であり、約束です。

民法は、市民相互の私的な関係に関する法律で、この領域を対象とする法律をより一般的に私法と言います。市民相互の私的な関係においては、個々の人々が対等な立場にあることが前提です。そこでは、関係者が自分たちの判断に基づいて私的な法律関係を決定することや、自己の意思に基づいて決定した法律関係の結果に責任を負うという「私的自治」、人々は原則として等しく権利義務の主体となることができる能力があるという「権利能力平等」などの原則が重視されます。また、信義、誠実、個人の尊厳、両性の本質的平等、あるいは、公序良俗を実現する本人たちの選択を尊重します。人々は社会生活を営むとき、他の人に不利益や損失、不便をもたらすことがあります。発生した事態が社会生活上、避け難い不便に過ぎないのか、それとも、重大な損失であり、不利益をもたらした人は何らかの償いなどをすることが正義にかなうのかという観点から、私的な関係を規制することは司法の領域に委ねられています。

市民相互の私的な関係における取り決めとその結果には、民法、より一般的には私法が適用されますが、市民にとって直接の関係者ではない国家との約束である憲法は、そのまま適用されない、すべきではないと考えられてきました。しかし、憲法は全ての法制度の基本ですから、たとえば民法九〇条の「公序良俗」の内容として憲法一四条の「法の下の平等」という考え方を取り込むことで、私法においても憲法の精神を生かす工夫、つまり「間接適用」という手法を裁判所は採用しています。

（紙谷雅子）

コラム3　象徴天皇制と国家元首

一九三一年、大英帝国における自治領の独立性を宣言したウェストミンスター法の前文は、「王位が英連邦の各国の自由な結びつきの象徴」であるので、「王位継承と称号の変更には、連合王国だけでなく、全ての英連邦の各国の議会による承認を必要とする」と規定しました。これが、君主の地位を象徴と表現した最初の例だと考えられています。それでは日本はどうでしょう。象徴天皇制、とくに憲法七条に定められた国事行為が何を意味するのか、憲法制定当時からいろいろな見方があったようです。君主の権限は名目上存在するに過ぎないことを前提とする行為なのか、国民統合の象徴として世襲の天皇を配置したけれども、日本は国民が主権を持つ実質的共和政体であるので、国事行為は形式に過ぎないのか。そのような対立は、議院内閣制を前提とする君主制度を（憲法を改正してでも）めざすのかどうか、という対立軸として存在してきました。

吉田茂以降の保守政権は、天皇制を可能なかぎり名目的な行政執行権しか行使しない君主制のように取り扱うことで憲法改正を回避し、「君臨」する国家元首に類似した天皇像の実現をめざしました。保守派には、国家元首を規定する憲法の実現を主張した岸信介《のぶすけ》のような人もいましたが、保守主流派はそのような憲法改正を棚上げにしました。その結果、権限はないけれども敬愛の対象としての「象徴天皇」は、保守政権の憲法解釈を通じて、国家元首に似た地位を実現しました。

ただ、保守派の論理からは国家元首に関する重要な論点が抜け落ちています。国家元首には、名目的立場でも、行政執行権の最終的なよりどころである「軍」の最高司令官、明治憲法的な表現で言えば「統帥者《とうすい》」の権限があります。天皇を国家元首にすると、国防軍の統帥権も国事行為になり、軍隊の指揮総攬《そうらん》をすることになります。

国家元首は、理論的には国家の行政執行に関する中枢的な権限を行使します。通常、議院内閣制においては政府の長の助言に従って、大統領制においては政府の長が国家元首を兼ね、行政執行権を行使します。現在の議院内閣制では、行政府の長による助言に拘束力があり、国家元首であっても実質的な行政執行の権限はなく、名目的な行政執行権しか行使できないのが普通です。行政府の長は、助言の責任を国民の代表である議会に対して負っており、議会は助言が不適切であると判断した場合、行政府の長を信任しません。それでも、たとえば連合王国（英国）の政府が「女王陛下の政府（Her Majesty's Government）」と表現されるのは、「国王」が建前上は行政執行権を担っていると理解されているからです。

国家の行政執行に関する権限が全くないとされるスウェーデン国王やアイルランド大統領は、国家元首というよりは「名目上の／儀式的な地位」と位置づけるのが普通です。それでも、スウェーデン国王は新首相就任の閣議を主宰し、首相から国政報告を受けますし、アイルランドの大統領は最高裁判所に対して法案の合憲性審査付託権を行使することができます。政治的判断と全く無縁とは言えないようです。日本の天皇は、海外では国家元首に相当する扱いを受けますが、「名目上の／儀式的な地位」の中でも、もっとも統治に関係がないのです。

（**紙谷雅子**）

Q3 今の憲法には国民の権利ばかりが書かれています。国の基本を定めるのが憲法なら、国として共有すべき価値観や、国に対する国民の義務も明記して当然ではありませんか？

《基本的人権》

憲法は、人としてすべての人が生まれながらに持つ権利を国が侵害しないように「国を縛る鎖」です。国が国民を縛り義務を負わせる鎖ではありません。また、国家が考える「国民はこうあるべきだ」という姿を示すものでもありません。

ですから、憲法には、国に対する権利ばかりが書かれているように見えるのは当然なのです。「日本は自由な国だし、フツーに生きていて不自由はないから人権、人権と言われてもピンとこない」という人が大部分かもしれません。でも、すべての人は、どこに生まれようとも、生まれながらに、誰からも侵されることのない権利を持っています。それが人権です。

ただ、人が人権を意識するのは、人権が危うくなったときです。「自由に歌が歌える」「自由に言いたいことをネットで発信できる」ときには、あらためて「歌を歌う自由」「言いたいことを言う自由」を意識することはないでしょう。でも、「歌詞が国益に反する」「発言が社会秩序を乱す」という理由で、国から歌うことを禁じられ、ネットに投稿してもすぐに削除されるようになったらどうでしょう。あなたが本来持っているはずの「歌う自由」「発言する自由」がくっきりと姿を現します。人権は白いキャンバスに白いクレヨンで描かれた絵のようなものです。背景が白ければ存在していることはわかりません。しかし、黒いインクがぶちまけられれば、クレヨンで描かれた絵はインクをはじいて、白く、くっきりと浮かび上がってきます。
世界は、このような人権を、これを侵そうとする力から守るために一歩一歩進んできました。日本の憲法もその流れの中で生まれ、「人類の多年にわたる自由獲得の努力の成果」（九七条）である基本的人権が、「過去幾多の試錬に堪へ、現在及び将来の国民に対し、侵すことのできない永久の権利として信託されたもの」（同）と宣言しています。

歴史を振り返ると、人権は、個人に対して圧倒的に大きな力を振るう国家によって傷つけられ、奪われてきました。そこで、一七世紀にはイギリスで貴族が団結して横暴な国王の力を縛る動きが始まり、一八世紀には、ヨーロッパやアメリカで市民が団結して政府に対して人権を認めさせ、これを侵害しないように求める闘いが続きました。フランスの人権宣言も、アメリカの独立宣言や憲法も、そのような歴史の中で生まれたものです。そして、第二次世界大戦後には、世界人権宣言や国際人権規約もつくられ、今では、基本的人権を認め、これを守ることは、国家の当然の義務と考えられています。「権利の裏には必ず義務がある」「権利ばかり主張して義務を負わないのはおかしい」という考えは、国民と国との関係では成り立ちません。

このような憲法というものの成り立ちから、世界の民主主義国の憲法では、「国民の権利ばかりが書かれている」のが普通なのです。日本の憲法が特別なわけではありません。

コラム4　憲法と国民の「義務」

「憲法は国家による一方的な宣言」であり、「約束」なので、国家は人々に対していろいろな約束をし、それを守る義務があるというのが、憲法の専門家に共通する見方です。ところが、日本国憲法は、教育、勤労、納税と、国民の義務をはっきりと規定しています。ほかにも、「自由及び権利は、国民の不断の努力によつて、これを保持しなければならない。又、国民は、これを濫用してはならないのであつて、常に公共の福祉のためにこれを利用する責任を負ふ」(一二条)とありますから、日本国憲法は国家の義務を規定しているだけでなく、国民の義務も規定しています。近代憲法としては珍しい特徴です。

憲法は、一九四六(昭和二一)年二月にGHQが提示した草案をもとに、三月に日本政府が修正した原案を公表し、大日本帝国憲法に従って改正手続きが進められ、一一月に公布されました。GHQ草案では、教育についての政府の義務と勤労についての人々の権利を規定していますが、人々の義務規定はありませんでした。

たとえば、現在の三〇条、納税の義務に対応する条文はGHQ草案には存在しません。しかしながら、衆議院で憲法制定の審議に参加した人々は、大日本帝国憲法にあった徴兵の義務を課すことはできないけれども、納税の義務は復活させる必要があると判断したようです。ですが、「課税」には人々の承認が必要だというのが世界の通説です。

興味深いのは、一二条です。「人々が恒久的に警戒していたからこそ、これまで権利、自由、そしてこの憲法が解放した機会は維持されてきたのであり、その濫用を防止し、いつでも社会一般の善のために用いられるようにする義務が人々にある」という文章がGHQ草案一一条にありました。ところが、過去の人々の努力で維持されてきたという記述(are maintained)が、三月の日本政府案を見ると、将来にわたって維持するという国民の義務(shall be maintained)に変わっています。それだけでなく、「社会一般の利益(common good)」が三月の政府で「公共の福祉(public welfare)」に変更されました。

さらに興味深いのは、二九条です。GHQ草案二九条は「財産権には義務が伴う。その行使は「公共の利益(public good)」のためになされる」でしたが、三月の政府案では、ここでも「公共の利益」が「公共の福祉」に変更されています。つまり、一九四六年の憲法制定当時、近代憲法と国民主権の意味を理解していた人が、実はいなかったらしいのです。日本は「先進国」を標榜しているのに、二一世紀にもなって憲法に国民の義務が規定されているのは、かなり恥ずかしいことです。

（**紙谷雅子**）

Q4 みんなが多数決で決めたルールや世の中の決まりを破って、人権、人権と自分のことばかり主張するのは、わがままではないですか?

《公の秩序・公益》

ホームルームでドッジボールをするかサッカーをするかを決めたり、ゼミで旅行の行き先を決めたり、町内会でゴミ出しのルールを決めたり……。世の中では多数決で決めることは多いですね。それが民主主義で正しいことだとなんとなくみんなが思っています。

ですから、多数決で決めたことに従わない人は「みんなで決めたことでしょう?」と責められます。「決めるまでは活発に議論して当然だけど、一度決めたのなら結論が気に入らなくてもしたがって下さい。文句を言うのはわがままです」と詰め寄られることもあります。

でも、数で負けた人は、多数決の結果にどうしても従わなければならないのでしょうか。

憲法があつかう国と国民の関係で言えば、多数決でルールを決める仕組みは、国会です。国会には選挙で多数の票を獲得して選ばれた議員が集まって、多数決で法律をつくります。では、国会が多数決で決めた法律について、「私の人権が侵害されている」と言うのはわがままでしょうか。その法律に従って行われる政府の施策や裁判に異議を唱えるのは間違っているのでしょうか。

人権は、人間であることによって、すべての人が普遍的に、当然に持っている権利です。国家、政府等の公権力が侵してはならないものなのです。

少数派や今の社会で主流ではない価値観を持っている人の人権を、多数派の価値観で制約してよいわけではありません。人権を持つ人々が暮らす社会では、お互いの人権が衝突したために調整したり、お互いの人権が守られる環境をつくるために譲り合ったりする必要も生じます。それでも、たった一人の人権であっても、これを守ろうという考えを出発点に、世界の民主主義国家の憲法は、その調整の方法を考えてきました。

選挙で選ばれた代表者が、議会で、多数決でルールを決めるという民主主義の仕組みは、なるべく多くの人の人権に配慮したルールをつくるにはとても有効です。それでも、ルールをつくるときにも、つくったルールが動き出した後でも、利害が対立することがあります。このように、お互いの人権がぶつかり合うとき、よりよく調整する必要がありますが、それは「今の」社会の多数が決めたルールや世の中の常識を基準にするわけではありません。大部分の人は何の痛みも感じなくても、大事な人権については、痛みを感じる人がいれば、少数派であってもその人たちの人権が守られなければならないというのが、人権の考え方です。

実際問題、みんなが自分の人権を主張すると、調整は大変です。あちら立てれば、こちら立たず、何を基準にしたらよいか、難しいところです。人権の重みや規制の目的、方法等をじっくり考えて、調整を図らなければなりません。そういう調整のしくみを、憲法は「**公共の福祉**」という言葉で表しています。

世界の人権の歴史の中で、人権を制約するときのルールがいくつかつくられています。まず、その人権を主張する人が多いか少ないかだけで決めることはしません。主張する人が少ないから、制約できるということにはなりません。

また、人権の種類によっても、制約するときの考え方が違います。たとえば、思想・信条の自由や表現の自由(精神的自由権とよばれます)は、人間がだれでも根源的に持つものです。これがなくなったら、自分らしく生きることができません。それだけでなく、みんなが自分の考えを表現したり議論したりして、「そういう意見もあるのか」「問題の解決には別の方法もあるのか」と考えを深めることで民主主義は成り立つわけですから、とても重要なものと考えられています。ですから、たった一人についてでも、思想の自由と表現の自由は最大限尊重しなければなりません。議会や政府がこれを奪ったり制約したりする場合、その理由の正しさを説明する必要があります。

これに対して、自由に商売をする権利(経済的自由権とよばれます)を侵害されているという場合には、まずは、議会で決めたルールを尊重します。たとえば、狭い道路が入り組んだ昔ながらの商店街に大型の安売り店舗をつくると、まわりの道路が混雑して住民の生活環境が悪くなるので、大型店舗をつくりたい会社にはいろいろ条件をつける法律をつくったとします。この条件が厳しくて自由に商売ができないと不満を持つ会社も出てくるでしょう。それでも、とりあえずは、議会で決めたルールを尊重します。

精神的自由権が権力によって侵害されると、みんなが自分の考えを述べあってよりよい結論にたどりつくための自由な思想表現のやりとりができなくなります。これでは民主主義の基盤が崩壊してしまいます。たとえば、原発を推進しようとする国の政策に反対したりデモをしたりする自由が禁じられたら、国民がこの点について判断する材料が欠けてしまいます。反対の意見を知らされないままでは、正しい結論にはならないのです。これに比べて、経済的自由権は、国会など民主制の仕組みがうまく働いている限りは、さまざまな意見を出しあって、たとえば大型店舗の必要や利益と、周辺の商店の人たちの生活、住民の生活環境の悪化などに配慮して、その仕組みの中でよりよい調整を期待できると考えられるからです。

憲法に人権の調整の仕組みとして書き込まれた「公共の福祉」という言葉は、その字面からは、すぐには内容が分かりません。たくさんの要素を深く考える必要があり、一言で説明するのは難しいのです。そのため、こんな分かりにくい言葉ではなく、「人権を主張するときには「**公の秩序**」や「**公益**」に反してはいけないと表現してはどうか」と言う人もいます。

しかし、公共の福祉による人権調整と、公の秩序、公益による人権の制限は、「公」という字は共通でも、考え方はずいぶん違います。公の秩序は社会秩序です。公益は自分の利益ではなく社会の利益です。つまり、どちらも、「世の中の多数派や声の大きい人の価値観」を表します。そういう価値観に基づく秩序や公益に反してはいけないということになると、今の世の中の弱い人、今の政府の考え方に反する思想や表現が、公の秩序や公益に反するとして規制される危険があります。「原発抜きに日本経済は成り立たない。不況は国民全体が困る」という意見が大多数になったとすると、「放射線の健康被害」を訴えたり、「原発に反対」というデモをすることが、「公益」に反するとして規制されるかもしれません。

もともと人権は、多数決での結論やその時代の主流の価値観と対立していても、奪ってはいけないものです。公の秩序や公益によって制約できるという考えは、出発点が間違っています。

Q5

よい環境の下で生きる権利（環境権）や国の情報を知る権利は今の憲法に明確に書かれていません。憲法でこういう新しい人権を定めることは、国民のためにもなるし、歓迎すべきではありませんか？

《新しい人権――環境権・知る権利》

たしかに憲法には、「よい環境の下で生きる権利」や「国の情報を知る権利」という言葉はありません。憲法ができた一九四六（昭和二一）年には、環境権や知る権利は、思いもつかないものでした。

人権は、社会の変化や人々の意識の深まりによって、新しく認識されることがあります。Q3で、人が人権を意識するのは、人権が危うくなったときで、「自由に歌が歌える」「自由に言いたいことをネットで発信できる」ときには、あらためて「歌を歌う自由」「言いたいことを言う自由」を意識することはない、と説明しました。人権は白いキャンバスに白いクレヨンで描かれた絵のようなもので、黒いインクがぶちまけられれば、クレヨンで描かれた絵は白く、くっきりと浮かび上がってくる、とも言いました。そうやって、新たに浮かび上がってきた人権を書き込むために憲法を改正することに反対する人はいないでしょう。むしろ、今の憲法の内容に満足することなく、時代とともに新しく認められる人権を書き加えて次の世代に引き継ぐことには意味があります。

問題は、どんな内容の人権をどんな表現で憲法に書き込むか、です。この点に注意しないと、「国を縛る鎖」であるはずの憲法が、「国に言い訳を許す盾」や「国が国民を縛る鎖」になりかねません。

憲法ができた後、社会の変化に伴って認識された人権の代表として「**環境権**」が言われます。人が人として生きるためには命と健康が脅かされない環境が必要です。ただ、一九四六年に憲法ができた当時、人々は、「よい環境の下で生きる権利」を意識していませんでした。ところが、一九六〇年代、日本が経済的にどんどん成長し、あちこちに工場群ができ、煙突や排水管から排出された有毒な物質が大気、水、土を汚染し、住民が病気になったり、亡くなったりするという公害が全国で発生しました。しかも、原因が企業にあることが明らかになっても、経済発展を最優先課題としてきた国は、有毒物質の排出を止めるための手立てをなかなか取りませんでした。そのため、環境汚染はさらに深刻化して、快適な環境どころか「人間の命と健康を維持できる最低限の環境」すら奪うことにもなりました。そこで、「よりよき環境を享受し、かつこれを支配しうる権利」が人々の意識の中に浮かび上がってきたのです。もともとこの権利は、被害を受けた住民が原因となった企業に有害な物質の排出を止めるように求めたり、損害賠償を請求するときに使われた概念で、「国を縛る鎖」として考えられたわけではありません。しかし、人がすべての人権を享受する前提として命と健康を維持できる環境が不可欠であるとすれば、国に対して、そのような環境を回復し維持し、よりよくするよう求める権利があると考えることができます。

ただ、国は、一九六七(昭和四二)年に「国民の健康で文化的な生活を確保する上で公害の防止が極めて重要である」と認め、「国民の健康を保護するとともに生活環境を保全すること」を目的とする公害対策基本法(現在は環境基本法)を制定しましたが、明確に環境権を認めたことはなく、環境問題が争われた裁判で、裁判所が環境権を明確に認めた例もまだありません。

かりに、「環境権」を憲法に書き加えるなら、どんな表現になるでしょうか。

少なくとも、「すべて、国民は良好な環境の下で生活を営む権利を有する。国は、すべての施策において、環境の保全、向上に努めなければならない」というように、国民の権利と国の義務を明らかにするものでなければ意味がないでしょう。では、「国は、国民と協力して、国民が良好な環境を享受することができるようにその保全に努めなければならない」(自民党案二五条の二)という条文だったらどうでしょう。この規定では、国民の権利を定めていませんから、「保全に努めました」という国の言い訳を許すだけで、環境を守る力にはなりえません。憲法を改正して、このような条文をわざわざ書き入れても意味がないことになります。

また、いわゆる新しい人権の中でも「**知る権利**」は特に重要なものです。

人が自分の考えを持つには、情報を知らなければなりません。

たとえば進学先を決めるにも、自分の主観的な希望のほかに、受験する大学の所在地や雰囲気、学費や奨学金、取得できる資格や就職率、自分の今の成績や伸びしろ、親の経済状態、先生や先輩の意見等、数え切れないほどの情報を収集しますよね。大根を買うにも、値段だけではなく、大きさやみずみずしさ、産地やときには有機農法か否かなど、欲しい情報はたくさんあります。

政治や社会について自分の考えを持つにも、たくさんの情報が要《い》ります。原発の使用済み核燃料の中間貯蔵施設をつくるなら、地元の人々は、計画の全体だけではなく、貯蔵される燃料の詳しい種類や量、貯蔵のしかた、その安全性、安全性を判断する前提となる研究結果、起こる可能性のある事故の内容と対策、その対策が十分かどうかを判断する資料、事故による住民の被害予想と対策、その対策が十分かどうかを判断する資料、最悪の事態が起こったときの賠償など、知りたいことはたくさんあります。ところが、これらの情報は、ほとんどが国や地方公共団体が持っていて、住民が自力で集めることは物理的にも金銭的にも不可能です。国などが、情報を隠してしまうと適切な判断ができません。

そこで、国民には、知る権利があると主張されるようになりました。知る権利には、二つの側面があります。一つは、国民が情報を収集し、やりとりするとき、国によって妨げられない自由であり、もう一つは、国に対して、情報を公開するように求める権利です。一九九九（平成一一）年に情報公開法が制定され、法文上に明記はないものの、「政府の説明責務」と「国民の知る権利」は表裏一体とされ、法律上の権利として認められています。しかも最高裁判所の決定にも、行政機関の情報の開示を請求する権利を知る権利として評価している補足意見があります。

「知る権利」を憲法に書き込むとすると、国は国民に情報を公開する義務があることと、国民が国に対して情報公開を求める権利があることが明確でなければ力になりません。そういう内容なら、国民主権や民主主義をさらに進める有力な武器になるでしょう。「国は、国政上の行為につき国民に説明する責務を負う」（自民党案二一条の二）などという条文では不十分です。国民が求める情報を公開する義務を定めなければ、「説明しました」といって追及をかわす「国を守る盾」にしかなりません。

Q6

この頃、インターネット情報ののぞき見や、あちこちにある街頭カメラでの監視が問題になっています。憲法でプライバシーを保障するのは人権を守るためにも当然だと思いますが……。

《プライバシー権》

今や繁華街では大きな目の玉のようなカメラが二四時間周囲を監視しています。ネットでの検索履歴も誰かが集めているかもしれません。他人には見られたくない、知られたくない情報を誰かがこっそり手に入れているのかもしれないという不安が、「プライバシーの侵害をしてはいけない」と憲法に書いておきたい気持ちにつながるのかもしれません。たしかに、嫌ですよね。でも、憲法に書くなら、何をどのように表現するか、よく考えないと危険です。

プライバシー権は、今では耳になじんでいますが、一九六〇年代に「そっとしておいてもらう権利」「ひとりでいさせてもらう権利」「私生活をみだりに公開されない権利」として認識されるようになりました。主に、小説、新聞、雑誌に私生活上のことがらを書かれて被害を受けたという人が裁判で損害賠償を請求したときに、その根拠として主張されたのです。つまり、もともとは、「国を縛る鎖」として考えられたものではありませんでした。

ところが、コンピュータ技術が発達して国や地方公共団体等が個人情報を大量に収集・管理していることから、公権力が必要のない情報を幅広く収集し、国民の私生活をのぞき見することを防止し、自分について国などが持っている情報がどのようなものかを知り、間違っていたら訂正させるようにしなければならないと考えられるようになったのです。

これを憲法に書くなら「プライバシーは、侵害してはならない。すべて国民は、自己に関して国又は地方公共団体の有する情報の開示を求め、訂正を求める権利を有する」となるでしょう。

では、「何人も、個人に関する情報を不当に取得し、保有し、又は利用してはならない」（自民党案一九条の二）と憲法に書き入れたらどうでしょう。

一見ごく当たり前の条文に思えますが、これでは私人や団体が個人情報を不当に取得することを禁止するだけで、国民と国家の約束になっていません。「国を縛る」ものではなく、国民間の不当取得などを禁止する「国民を縛る」ものとなっています。私人や団体が個人情報を不当に取得することを禁止する個人情報保護法制はすでに整備されていますし、プライバシーが侵害されれば裁判所に救済を求めることができます。自民党案のように憲法に定める必要はありません。

自民党案のような決め方の一番の問題は、個人情報の不当取得の禁止とプライバシー権の保障を混同していることです。「個人情報の不当取得の禁止」により直接影響を受けるのは、報道機関やジャーナリストです。取材では、個人情報を取得しなければなりません。しかし、取材して新聞、雑誌、テレビで報じると、書かれた人は、「私の個人情報が不当に取得された！　憲法に反している」と憲法に基づいて訴訟を起こせることになります。これでは、報道機関やジャーナリストは、取材のときからトラブルを警戒するでしょうし、そうなると、公的な地位にある人物が隠しておきたいプライベートな行状を暴くことができなくなります。そうすると、私たちが、公的な立場にある人物を監視し、評価するための情報を得にくくなります。知る権利はどんどん後退していくのです。これでは民主主義は絵空事になってしまいかねません。

Q7

表現の自由が大事なのは分かりますが、どんな内容・方法の表現でも許されるというのはおかしいと思います。行き過ぎを制限するのは当然ではないですか?

《表現の自由とその制限》

独裁的な国を思い浮かべてみましょう。その国の社会と私たちの社会はどこが一番違うでしょう。表現の自由があるかないかだとみんな思うのではないでしょうか。日本はとりあえず、今は、「国が原発を推進しているから、原発は危険だと思っても口に出せない、集会ができない、あえて発言すると警察に捕まる」という社会ではありません。それは、国の政策に反する表現でも、これが保障されているからです。

表現の自由は、人権のなかでも特に大切です(Q4参照)。まず、人は表現することなしには生きられません。話をしたりメールをしたり、本を書いたりそれを読んだり、演劇をつくったりそれに感動したり、あらゆる表現をお互いにやりとりして「自分」をつくっています。そのために、表現の自由は欠かせません。さらに、私たちの社会にとって、表現はそれを通じて国民が国の政治に参加するという意味で、民主主義を支え国民主権を実現する大切なものです。そのために表現の自由は重要です。こうした考えから、日本に限らず世界の民主主義国では、表現の自由はほかの人権に比べても特に大事にしています。

表現には、行動を伴うものもあります。たとえば、デモです。参加者は、社会に自分たちの意見をアピールするため、プラカードを持って、声をあげ道路を行進します。そのメッセージに関心のない人にとっては、デモは、騒音を立て、道路に渋滞を起こすもので、「平穏な社会生活」を害したり、「他人の迷惑になるような活動」にすぎません。特に、政府の政策やその社会の多数派の主張に反するデモは、政府や多数派にとっては、神経に障ります。「めんどくさい、うるさい、訳の分からない連中の世迷い言」として排除したいというのが正直なところでしょう。しかし、表現の自由を保障することの大きな意義は、一般には人気がない、多くの人が眉をひそめるような思想の表明をも認めるというところにあります。意見の違う人には騒音に聞こえるデモも、多様な意見を伝える政治的な意思の表明であり、民主主義社会で大切なものなのです。

たしかに、表現の自由も他の人の人権と衝突することがあります。調整は必要です。

ここで、人権を測る天秤を考えてみましょう。今まで述べてきた表現の自由の重要性を考えて、天秤は最初から「表現の自由の方が大事」に傾いたところからスタートします。これを「表現の自由の優越的地位」と言います。その上で、たとえば、①表現がなされる前にそれを禁止しなければならない特別な場合にあたるか、②法律で規制するとき、規制対象が何かを明確に定めているか、③その表現を認めると、切迫した期間内に、規制してもやむを得ないと考えられるような重大な害悪が生じると確信をもって言えるか、規制のための手段が害悪を避けるために必要不可欠であるか、④ある規制手段が正当かどうかを判断するときには、表現の自由の制約の度合いがもっと少ない手段はほかにないか、などよく考えて、判断しなければなりません。このような考え方も、日本に限らず、民主主義を標榜する国では共通のものです。

それでも、やっぱり迷惑なものは何とかしたいというので、今の憲法の「集会、結社及び言論、出版その他一切の表現の自由は、これを保障する」という条文の後に、「前項の規定にかかわらず、**公益及び公の秩序**を害することを目的とした活動を行い、並びにそれを目的として結社をすることは、認められない」(自民党案二一条二項)と書き加えたいという人もいます。

これは困ります。

「公益及び公の秩序を害することを目的とした活動」とは何でしょうか。

一般的な言葉の意味としては、「公益」とは社会一般の利益のことです。「公の秩序」が「社会秩序」、すなわち「平穏な社会生活」の意味で、他人に迷惑をかけないことだとすると、結局、そのときその社会で一般的な考え方、つまり多数の価値観や考え方に即したものとなります。その結果、たとえば経済成長のために原発輸出の推進を国の政策とすることに大多数が賛成する社会になると、事故の教訓から、原発の危険性を指摘して警鐘を鳴らすデモは、国益に反するものとして制約される危険があります。

表現の自由の社会的な価値を損なうような制約を憲法に書き加えるのは、間違いです。

日本には、苦い歴史の教訓があります。大日本帝国憲法は表現の自由を保障していましたが、それは法律によっていくらでも制限することができました。第二次世界大戦前、政府は、出版法や新聞紙法、治安警察法、治安維持法などの法律を通して、国民の表現行為を厳しく制限したのです。それが戦争に対する批判の声を封じ、第二次世界大戦の惨禍を生んだ一因となりました。

そこで、今の憲法は、表現の自由を法律によって制限されないようにしたのです。そういう歴史も、忘れないようにしたいものです。

Q8 家族が助け合うのは当然ではないですか？　それを憲法に明記することに反対する人の気持ちが分かりません。

《家族相互扶助》

家族でも友人同士でもお隣同士でも、困った時に助け合うのは、素晴らしいことです。そのことを否定する人はいないでしょう。お金に困ったとき、病気で寝込んだとき、いちばん身近で頼りになるのは家族、という人は、幸せです。

問題は、それが憲法に書くべきことがらなのか、国民に「家族は助け合わなければならない」と訓示することが国の役割なのか、ということです。憲法は、人としてすべての人が生まれながらに持つ権利を国家が侵害しないように「国を縛る鎖」なのですから。

最近は家族の絆が薄くなって困ったものだ、と世の風潮を嘆く人がいます。確かに、不人情な事件もしばしば報道されます。しかし、憲法は道徳や倫理を規定するものではありません。「家族は助け合いましょう」というメッセージであれば、それは国家の仕組みを決めるものでも、国家を縛る鎖でもありませんから、憲法という概念には本来含まれないものです。

このような内容を憲法で決めることには、心配があります。憲法で定めるということは、育児、介護、扶養は家族の責任だという前提のもと、家族のことは家族で面倒をみるという義務を国民に負わせ、逆に、憲法に定められた「健康で文化的な最低限度の生活を営む権利を（国民に）保障する」国の義務を軽視することになりかねないからです。

たとえば、子育てをしながら仕事をするためには、保育園の増設や、急な病気の時にも安心して預けられる病院などの環境整備が不可欠です。しかし、家族の助け合いが強調されると、家族で子育てをすべきだとされて、社会で子育ての責任を分かち合うことには消極的になります。保育園を整備したり学童保育を充実させたりする子育てしやすい環境の整備は、ますます遅れていくでしょう。女性が主に子育てを担っている現状では、結果的に、女性の社会進出はますます閉ざされかねません。また、高齢者や障がい者の福祉サービスの提供も、国の義務であり国民の権利であるとは言い難くなります。両親の介護が同居する子どもやその配偶者の重荷となり、障がい者を家庭で介護している高齢の親の不安を取り除くことも難しくなるでしょう。失業や病気で困窮したとき、離れて暮らす家族や疎遠な親族からまず援助を受けるように強く求められるようになるかもしれません。家族がいる人には生活保護を支給する必要性はない、家族が扶養できない理由が明確にならない限り、生活保護の支給はしないということになりかねません。

これでは、戦後約七〇年間、日本が積み上げてきた社会像は崩壊してしまいます。

世界人権宣言は、「家庭は、社会の自然かつ基礎的な集団単位であつて、社会及び国の保護を受ける権利を有する」(一六条三項)と言っています。国民には、家族が安心して暮らせるように国に要求する「権利」がある、というのです。世界の流れを見れば、憲法に家族について書きこむのなら、「国は、家族が自然的愛情によって助け合って幸せに暮らせるように、住居を保障するなど社会基盤を整備し、失業や病気やけがで家族がバラバラになることなく、親や家族の介護のために他の家族が犠牲にならなくて済むように金銭的給付を含めたサービスを提供する」と国の責務を決めるか、逆に国民に国に対する給付請求権を保障するのが、あるべき姿でしょう。

Q9 選挙権は国民がその国のあり方を決めるためのものなのですから、日本国籍のある人だけが選挙権を持つのは当然ではないですか？

《外国人の参政権》

参政権（選挙権と被選挙権）は、国民が自己の属する国の政治に参加する権利で、国民が国のあり方を決め政治に参加する権利として、国民主権国家では根本的なものです。そのため、その国家の国民にだけ認められ、憲法でも「公務員（広く国または地方公共団体の公務を担当する者のことで、議員も含みます）を選定し、及びこれを罷免することは、国民固有の権利である」（一五条一項）としており、外国人には保障されていません。

しかし、都道府県、市区町村などの地方自治体の選挙となると、少し話は変わってきます。市区町村のような身近な自治体は、その地域に住む人々の生活に密着したサービスを提供します。地方議会は、外交や財政政策のように国の政治のあり方ではなく、その地域の住民の日常生活に密接に関連することがらを決めます。そうすると、同じ地域に一緒に暮らしている住民が、国籍を問わず、それぞれの意見を出してその地域にもっともふさわしいやり方を決めることも、否定する必要はない、むしろ、地域に定着した外国人も参加してルールを決めたほうがよい、という意見も強くあります。最高裁判所も一九九五（平成七）年、地方自治体の公共的事務は、その地方の住民の意思に基づきその区域の地方自治体が処理するものなので、永住者等であってその居住する地方自治体と特段に緊密な関係を持つに至ったと認められる外国人については、法律で選挙権を付与することは憲法上禁止されていないと判断しました。

残念ながら、日本では、グローバル化が言われ、外国人を呼び込もうという掛け声はあっても、定住した外国人を地域の仲間として受け入れ、ルールづくりにも参加してもらおう、という機運は盛り上がっていません。

しかし、外国を見ると状況は異なります。国政への参政権は別として、地方選挙のレベルでは、多くの国で、定住する外国人に選挙権、被選挙権を認めています（表1）。

国立国会図書館の総合調査によれば、OECD（経済協力開発機構）三〇カ国とロシアを見ても、イギリス、フランス、ドイツ、イタリア、スペインは、EU（欧州連合）加盟国の国籍を持つ外国人に選挙権と被選挙権を与えています。オランダのほか、スウェーデン、デンマーク、ノルウェー、フィンランドなど北欧諸国はすべて、居住年数の条件はあるものの、すべての外国人に選挙権と被選挙権を与えています。アメリカでは、一部の地域で選挙権と被選挙権を外国人に与えています。韓国でも、永住権を獲得した外国人には一定の条件を付けて地方選挙での選挙権が認められています。

このように、地方レベルで、外国人に選挙権や被選挙権を与えることは、世界では珍しいことではないのです。

表１　諸外国での外国人参政権の状況（OECD 30 カ国およびロシア）

国　名	国政選挙		地方選挙		
	選挙権	被選挙権	選挙権	被選挙権	
オーストラリア	△	×	△▲	△	一部英連邦市民のみ 一部州で他の外国人も定住要件で付与
オーストリア	×	×	△	△	市町村およびウィーンの区参政権はＥＵ市民のみ．首長被選挙権は除く
ベルギー	×	×	○	△	被選挙権はＥＵ市民のみ
カナダ	×	×	△	×	一州で一部英連邦市民に
チェコ	×	×	△	－	選挙権は EU 市民のみ
デンマーク	×	×	○	○	
フィンランド	×	×	○	○	
フランス	×	×	△	△	EU 市民のみ
ドイツ	×	×	△	△	EU 市民のみ．州の参政権は除く．一部の州では首長の被選挙権は除く
ギリシャ	×	×	△	△	EU 市民のみ．首長の被選挙権は除く
ハンガリー	×	×	○	×	
アイスランド	×	×	○	○	
アイルランド	△	×	○	○	国政選挙は英国市民のみ．大統領選は除く
イタリア	×	×	△	△	EU 市民のみ．首長の被選挙権を除く
日本	×	×	×	×	
ルクセンブルク	×	×	○	×	被選挙権は EU 市民のみ
メキシコ	－	－	－	－	
オランダ	×	×	○	○	
ニュージーランド	○	×	○	×	
ノルウェー	×	×	○	○	
ポーランド	－	－	－	－	
ポルトガル	△	×	△	△	EU 市民とポルトガル語圏国民のみ
韓国	×	×	○	×	
ロシア	×	×	○	○	
スロバキア	×	×	○	○	
スペイン	×	×	△	△	EU 市民およびノルウェー国民のみ
スウェーデン	×	×	○	○	
スイス	×	×	▲	▲	一部の州で定住を要件に
トルコ	－	－	－	－	
イギリス	△	△	△	△	EU 市民に地方のみ．英連邦市民およびアイルランド市民には国政も
アメリカ	×	×	▲	▲	例外的に一部市などで付与

○付与　△条件付き付与　▲一部地域のみ付与　×付与しない　－不明

出所：佐藤令「外国人参政権をめぐる論点」（『人口減少社会の外国人問題――総合調査報告書』国立国会図書館調査及び立法考査局，2008 年）の表を編者が簡略化．

Q 10

町でいきなり殴りかかられたら、殴り返して自分を守ることは罪にならないように、国も自分が攻撃されたら独立を守るためにあらゆる手段を使って反撃できるのは当然ですよね。それも否定するような憲法九条はおかしいのではないですか？

《個別的自衛権》

突然、見知らぬ男が包丁を振りかざして迫ってきたので、とっさに傍《そば》にあった花瓶を摑んで投げつけたら、男の頭に当たって死んでしまった――こんなとき、それは自分の身を守る「正当防衛」だから非難できない、とみんなが思います。同じように、突然どこかの国の軍隊が攻め入ってきたら、応戦して撃退するのは、国家にとっては自衛のための当然の行動でしょう、九条がそれも許さないのはおかしい、という批判があります。

国際社会に生きる国の自衛権を個人の正当防衛のたとえで考えようというのは、かなり乱暴な話です。ここではその点は措《お》くとして、では、九条は「自衛権」を否定しているのでしょうか。そうではない、というのが歴代の政府の見解です。

九条は、「日本国民は、正義と秩序を基調とする国際平和を誠実に希求し、国権の発動たる戦争と、武力による威嚇又は武力の行使は、国際紛争を解決する手段としては、永久にこれを放棄する」（一項）と、戦争放棄を謳っています。

自衛のためという名目で戦争が繰り返された歴史を振り返り、徹底した平和主義の立場から、憲法は自衛権も放棄していると考える人もいますが、今の政府の見解は、自衛権を「国家に対する急迫不正の侵害があった場合に、その国家が実力をもってこれを防衛する権利」(一九九九年五月一一日、参議院日米防衛協力のための指針に関する特別委員会での大森政輔内閣法制局長官)であり、このような自衛権は国家固有の権利であって九条によって放棄されていないとして、日本も自衛権を有し行使できるとしています。

ですから、九条が自衛権を否定し、国が攻撃された時に反撃してはいけないと定めていて問題だから改正すべきだという主張は成り立ちません。

もちろん、自衛権の行使だと主張すれば何でも正当化できるわけではありません。

まず、①日本に対する急迫または現実の不正の侵害があったこと(違法性)、②侵害を排除するために他の適当な手段がないこと(必要性)、③侵害行為を防ぎ、または排除するために必要最小限度の実力行使にとどまるべきこと(均衡性)の三条件が必要です。

かつて国家が戦争をすることは、違法でも何でもないと考えられていました。自衛を言い訳にする必要はなく、強い国が武力に物を言わせて隣国に侵入し領土を拡げることに何の制約もありませんでした。

しかし、今は違います。

二〇世紀初めの第一次世界大戦は、戦場で戦う兵士だけではなく、一般市民を巻き込んだ総力戦でした。その被害の大きさ、悲惨さに直面して、一九二〇(大正九)年に組織された国際連盟は、規約で「戦争に訴えない義務」を定めました。一九二八(昭和三)年には、パリ不戦条約で、戦争が一般的に違法であることが確認され、「国際紛争解決のために戦争に訴える」ことを禁じ、「国家の政策の手段としての戦争」を放棄したのです。加盟国は、当初、日・米・英・伊・仏・独など一四カ国でしたが、その後ソビエト連邦(今のロシア)などを含む六三カ国に増えました。

ところが、戦争はなくなりませんでした。不戦条約で禁止された戦争は侵略戦争で、自衛権の行使に制約がなかったこともあって、自衛の名目による武力行使が跡を絶たず、第二次世界大戦に至ったのです。

第二次世界大戦は、さらに多くの犠牲者を生みました。その反省から、一九四五(昭和二〇)年に結成された国際連合は、国連憲章の下で「すべての加盟国は、その国際関係において、武力による威嚇又は武力の行使を、いかなる国の領土保全又は政治的独立に対するものも、また、国際連合の目的と両立しない他のいかなる方法によるものも慎まなければならない」(国連憲章二条四項)として、戦争だけでなく加盟国による武力行使自体を原則として禁止しました。例外である自衛権も、武力攻撃が発生した場合に、安全保障理事会が必要な措置をとるまでの間に限って行使することが許されるとしています(国連憲章五一条)。

つまり、今の世界の枠組みでは、国際社会の平和と安全を維持するために国連に加盟する国同士でお互いに安全を保障しあう体制をつくり、問題が生じれば、安全保障理事会の決議に基づいて制裁をするのが原則で、個々の加盟国の自衛権は「武力攻撃が発生した」場合に、国連による制裁が発動されるまでの間に限って行使できるものとされているのです。武力攻撃されるかもしれないというあいまいな不安があるだけでは、自衛権の行使は許されませんし、実力行使の必要がなくなれば、すぐに中止しなければなりません。軽微な武力攻撃に対して、過剰な実力を行使することもできません。武力攻撃が「発生」した場合に初めて自衛権の行使になるので、単に自国が武力攻撃を受ける「おそれ」があるだけでは、先制攻撃は認められません。この点は、日本政府も、武力攻撃の脅威があるだけでは自衛権を行使することはできず、自衛権に基づく先制攻撃を否定する立場をとってきました。

自衛権があれば、自衛のためという名目でいくらでも自由に武力行使ができるわけではなく、それを行使できるのは、特別な場合だけです。

「日本を守るために、やられたら、やり返す」「いや、日本を守るためには、やられる前にやってしまおう」と勇ましく主張する人たちは、今の世界では自衛権の行使といえども、武力を行使することはとても制限されていることを知らないのではないか、と心配になります。

もっとも、武力攻撃を受けるおそれが「急迫」した時点で自衛権の行使を認めるべきだとして、独自の行動に出る国もあります。アメリカ（一九八六年のリビア空爆、一九九八年のアフガニスタン・スーダンへのミサイル攻撃）やイスラエル（一九八一年のイラク空爆）は、自衛権に基づく先制攻撃の正当化をしばしば主張しています。しかし、このような武力行使が世界でどのような評価を受けているかは、あらためて述べるまでもないでしょう。これらの国と同じように日本も力に頼れば、むしろ敵を激増させてしまうのではないでしょうか。

Q11 日本には世界有数の装備を持った自衛隊があります。これを軍隊として憲法でもきちんと認めることの何が問題なのでしょうか？

《自衛隊》

たしかに、自衛隊は世界有数の装備を持っています。お金のかけ方では、アメリカ、ロシア、中国には及ばないものの、イギリス、フランスとは肩を並べています。しかも、この中で日本以外の国は維持管理にとても費用がかかる核兵器を持っています。人件費が高いことを考慮しても、核兵器を持たない日本の自衛隊が他国に負けない実力部隊であることは明らかです。

このため、「自衛隊」を明確に憲法で「**国防軍**」と位置づけるべきだ、という意見（自民党案九条の二）があります。九条の存在が邪魔になるのなら、憲法を改正して「軍隊」としてきちんと規定しようというのです。

たしかに、戦後、憲法をめぐる政治上の論争は、主に自衛隊の存在が憲法に違反していないかどうかという点を中心に展開していました。

九条は、一項で「武力による威嚇又は武力の行使は、国際紛争を解決する手段としては、永久にこれを放棄する」とし、二項で「前項の目的を達するため、陸海空軍その他の戦力は、これを保持しない。国の交戦権は、これを認めない」と規定しています。細かな解釈のしかたに違いはあっても、「結局、憲法は自衛権を認めているとしても九条二項で武力・戦力による自衛は禁じている。警察力を使ったり国民が武器を持って蜂起《ほうき》することで抵抗するのは当然としても、常備された武力である自衛隊は憲法違反だ」という意見は根強くあります。憲法が施行された一九四七（昭和二二）年、当時の文部省が発行した中学校の教材（『あたらしい憲法のはなし』）にはこう書かれています。「こんどの憲法では、日本の国が、けっして二度と戦争をしないように、二つのことをきめました。その一つは、兵隊も軍艦も飛行機も、およそ戦争をするためのものは、いっさいもたないということです。これからさき日本には、陸軍も海軍も空軍もないのです。〔中略〕しかしみなさんは、けっして心ぼそく思うことはありません。日本は正しいことを、ほかの国よりさきに行ったのです。世の中に、正しいことぐらい強いものはありません」。

憲法前文の徹底した平和主義の理念からも、憲法ができた当初の国民や政府の意識からも、日本は、およそ武器を持って組織された軍事力を保持することなく、世界の国々の公正と信義を信じて自国の独立を守る覚悟を持ったのだ、今後もその理想は追求すべきだというのです。

これに対して、政府は「九条は自衛権を否定していないから、自衛権の裏付けとなる必要最小限の実力の保持は許され、このような実力は二項が禁じる「戦力」ではない」「自衛隊は自衛のための必要最小限の実力しか持っていないから、憲法違反ではない」と説明してきました（表2）。この政府の説明は、逆に自衛隊の装備や行動に「自衛のための必要最小限」という制約を厳しく課すことにもなっています。そのことが、自衛隊が海を渡ってＰＫＯ（平和維持活動）に参加するかどうか、外国と集団的自衛権を行使してよいのかなど、様々な議論につながってきました。

表2　9条と自衛隊をめぐる政府見解

違憲	9条が禁じる「戦力」	自衛のための必要最小限を超える実力
合憲	9条が禁じない「自衛力」	自衛のための必要最小限の実力＝自衛隊
	軍事力でない「警察力」	

政府の見解では、自衛隊は、すでに憲法に位置づけられた「必要最小限の実力部隊」ということになります。あらためて憲法に「私たちは自衛隊を持ちます」と書く必要もありません。自衛隊をあらためて憲法上に位置づけて「国防軍」にしようという提案の背景には、自衛隊にかけられた縛りをゆるめたいという意図があります。そのことが問題なのです。

なお、自衛隊を「国防軍」にしたあかつきには、世界各地で働いている日本人が、現地の混乱に巻き込まれて大陸の奥地や砂漠の真ん中で危険に陥ったときに助けにいくことも任務にしよう、という提案（自民党案）もあります。

心強く思う人もいるかもしれませんが、国内の被災地に災害救助、復興支援に駆けつけるのと、主権を持った別の国の領土に武器を持って助けにいくのとでは、全く話が違います。

日本国の領域にいない民間の商船や日本人に対する攻撃は、それがどんなに理不尽に見えても、それによって日本の国家としての安全が直接に脅かされるわけではありません。そのような攻撃は、日本に対する国連憲章上の「武力攻撃」にはなりません。ですから、日本は、自衛権を根拠に日本人の救出や保護のために「国防軍」を出動させるわけにはいかないのです。問題の起こった国が認めていないのに、日本人の保護のためと言って武装した日本の「国防軍」が上陸したら、明らかに「侵略」です。その国の人に銃を向けて戦ったら、その国が自衛権を行使し日本との戦争になってしまいます。現地の日本人は、敵国の国民としてもっと危険な立場におかれます。このような提案は、国際法にも現実の世界の状況にも合わないことは明らかでしょう。

コラム５　日本の二一世紀的防衛戦略考

地震や大規模な土砂崩れが起こったとき、危険で苛酷《かこく》な環境で土砂と格闘し、人を救助し、援助を惜しまない――自衛隊にはこうしたイメージがあるかもしれません。ところが、自衛隊法では、その任務として防衛出動、治安出動、自衛隊施設警護出動、海賊対策や弾道ミサイル対策の後に災害救助活動がおかれ、この活動は自衛隊の本職ではないと言っているかのようです。たとえば、国内で大地震が発生し、他方ではペルシア湾とアラビア海を結ぶホルムズ海峡で海賊対策が必要になったとき、政府は、災害救助活動よりも海賊対策を優先することになりはしないかと心配です。

世界地図を見ると、日本は大陸における十字路でも、アジアに対する出撃拠点でもありません。外国から見て日本は、わざわざ武力で侵略をして占領したいほど、魅力的な場所ではないのです。日本の工業生産力は魅力があるかもしれませんが、無理に日本を占領しても積極的な協力は得られないでしょう。サボタージュやストライキもあるでしょう。つまり、日本は侵略国の工業生産基地としては使えません。むしろ、友好関係を保っていたほうが日本の特徴を最大限生かせますから、そのことにこそ戦略的な意味があります。

もちろん、第三国が日本の特徴を最大限生かして得をするよりは、利用させないほうがましと他の国が思えば、日本の工業生産力を第三国が利用できないように徹底的に破壊するという選択もありえます。では、どうしたらそれを防げるか。もっとも有効な手段は、国際世論が日本を支持し、日本に対する攻撃を徹底的に非難する対策を考えることです。

陸軍装備を中心とする一九世紀的発想では、二一世紀の国防は語れません。日本が「有事」の際に国際的な支援を得るためのもっともよい方策は、たとえば日頃から海外で医療や教育の援助をし、「頼もしい友だち」となることではないでしょうか。医療と教育を対価なしに必要なところに率先して提供する国になることが、日本を侵略しようとする国に対する、二一世紀的な、最大かつもっとも有効な防衛政策なのです。

（**紙谷雅子**）

Q12

仲間が多いほうが心強いですから、他の国と協力して、お互いの国が外国から攻撃されたときには一緒に戦う約束をすることも考えるべきではないでしょうか？　それができないというのなら憲法を変える必要があると思いますが。

《集団的自衛権》

仲間が多い方が生きやすいのは、人も国も同じでしょう。なるべく余計な敵はつくらず、友だちを増やすことが、楽しく過ごすコツです。

友だちが見知らぬ男に因縁をつけられていたら、駆けつけて助けてあげるのが友だちというものだ、そうでなければ、頼りにできないやつと思われてその後のつきあいができない、国だって同じだろう、と言う人がいます。しかし、他国と軍事同盟を結び、その国の危機に駆けつけて助太刀したら、日本が戦争の当事国になってしまう集団的自衛権の問題は、日常の道徳の延長線上で考えるわけにはいきません。もっと現実的に、慎重に検討し、判断する必要があります。

集団的自衛権とは「自国と密接な関係にある外国に対する武力攻撃を、自国が直接攻撃されていないにもかかわらず、実力をもって阻止する権利」（一九八一年五月二九日、政府答弁書）です。自国が直接攻撃されていないにもかかわらず、というところに本質があります。つまり、他国間の武力紛争に自国が介入することを正当化する権利、単純化して言えば、戦争に参加する権利であって、「自衛権」という文字が使われていても、実体は、自国の防衛のための権利ではありません。

国連発足前は、軍事同盟を結んで武力行使することに特に制限がなく、事実上、自由に集団的自衛権を行使できました。しかし国連は、国連憲章で武力行使を禁止し、これに違反した加盟国に対しては安全保障理事会の決議に基づいて制裁することを原則としました。その結果、国連に加盟する一部の国で構成される軍事同盟が勝手に武力行使することは原則として認められていません。ただ、安全保障理事会の常任理事国が、それぞれの思惑から決議に拒否権を発動して制裁ができない場合があることを考えて、いわば現実の世界情勢に妥協して加盟国が集団的自衛権を行使できることも国連憲章に盛り込まれています。その結果、北大西洋条約機構（NATO）やワルシャワ条約機構（WTO。冷戦終結後に解散）などの軍事同盟が誕生することになりました。

とはいえ、集団的自衛権も個別的自衛権と同様、安全保障理事会の決議による制裁措置が実行されるまでの間だけ、暫定的に認められるにすぎません。国連憲章は、加盟国独自の自衛権行使よりも、国連決議に基づく集団安全保障を原則としているのです。また、国際司法裁判所の判決（一九八六年、アメリカがニカラグアに介入した事件）は、この国連憲章の条件に加えて、攻撃を受けた国が、①武力攻撃を受けたと対外的に訴え、②明確に援助を要請する、の二点が必要だと言っています。つまり、国際的には集団的自衛権の行使は制限的に考える方向にあるのです。

では、日本は、どこかの国と集団的自衛権を行使する約束をすることはできるのでしょうか。

問題は、憲法九条です。

九条は、「国際紛争を解決する手段として」の武力行使を禁止しているから、当然、集団的自衛権は認められない、という考えがあります。これに対し、日本政府は、少し違った理屈で集団的自衛権の行使は憲法上禁止されているとの見解を出しています。「国際法上、国家は、集団的自衛権〔中略〕を有しているものとされている。我が国が、国際法上、このような集団的自衛権を有していることは、主権国家である以上、当然であるが、憲法第九条の下において許容されている自衛権の行使は、我が国を防衛するため必要最小限度の範囲にとどまるべきものであると解しており、集団的自衛権を行使することは、その範囲を超えるものであって、憲法上許されない」（前出の政府答弁書）というのです。つまり、日本の国民の自由や権利が今にも危ないというときに、ほかに方法が見つからないなら必要最小限の力を行使することが許されるというのが憲法九条の意味だから、国民の権利や自由に今にも被害が出るという事態でもないときに、わざわざよその国の戦争に出かけていくことは許されないと言っています。

このような政府の考えは、これまで自民党でも民主党でも、政権が交代しても引き継がれていました。そして、これが、戦後日本を支えてきたとも言えます。

このような考え方を変えて、集団的自衛権の行使を認めると、現実にはどんなことが起こるのでしょうか。

集団的自衛権を認めましたと言っても、日本が勝手にどこかの国を選んで助太刀に押しかけるわけにはいきません。応じてくれる相手が必要です。そして、相手との交渉で、どの範囲で起こった紛争に助太刀するかを決めることになります。たとえば、韓国とアメリカの同盟では、「いずれかの締約国に対する太平洋地域における武力攻撃」があれば、集団的自衛権を行使する約束（米韓相互防衛条約三条）があるので、韓国はアメリカが起こしたベトナム戦争に参加することになりました。日本も、当時そういう同盟をアメリカと結んでいたら、ベトナムに自衛隊を送らなければならなかったでしょう。また、今後、地域限定ではない約束をしてしまえば、同盟国がどこで攻撃されても助太刀にいかなければなりません。もちろん、地球の裏側であっても、です。自衛隊を地球の裏側に派遣して、日本を攻撃しているわけでもない国と戦うのは、わざわざ友だち候補を減らして敵を増やすことになります。それは、憲法前文に掲げる平和主義、国際協調主義に反しませんか。また、日本にとってよい政策でしょうか。よく考える必要があります。

また、集団的自衛権というと、悪いやつを一緒にやっつけるというイメージがあるかもしれませんが、実際にはそうではありません。

国連発足後、集団的自衛権の行使を主張した事例はおおむね一五あります。国連発足から七〇年近く経過していることから見ると、事例の数はそれほど多くありません。それは、集団的自衛権を根拠に武力を行使することで他国同士の軍事衝突に巻き込まれる危険性が高く、どの国も慎重に対処しているからです。

表3でも明らかなように、集団的自衛権の行使を主張した国は、一九〇カ国を超える国連加盟国のうち、アメリカ、ソ連（ロシア）、イギリス、フランス、リビアの五カ国だけで、その多くが、内戦やクーデターへの介入です。一九九一年の湾岸戦争を除けば、攻撃を受けた国が、介入した第三

表3　集団的自衛権を行使した例

年	行使国	被介入国
1956	ソ連	ハンガリー
1958	アメリカ	レバノン
1958	イギリス	ヨルダン
1964	イギリス	イエメン
1965-75	アメリカ	ベトナム
1968	ソ連	チェコスロバキア
1979	ソ連	アフガニスタン
1981	リビア	チャド
1983	アメリカ	グレナダ
1983	アメリカ	ニカラグア
1983/86	フランス	チャド
1991	アメリカ等	クウェート
1993	ロシア	タジキスタン
2001	アメリカ	アフガニスタン

国に対して明確に援助を求めたのかどうかも疑問がある場合がほとんどです。大国がむりやり介入する口実であった例が多いことも、考えておかなければ危険です。

特に、今、日本の集団的自衛権行使の仲間と目されるアメリカは、過去にしばしば国連憲章違反とされた(またはその疑いの強い)軍事行動(一九六五年のベトナム戦争、一九八〇年代のニカラグア内戦への介入、一九八三年のグレナダ侵攻、二〇〇三年のイラク戦争など)をとっています。つまり、アメリカと集団的自衛権を行使する約束をすると、日本はその「違法」な軍事行動に集団的自衛権を根拠に巻き込まれる可能性があります。それだけではなく、アメリカに敵対する他国が、アメリカの「違法」な軍事行動に助太刀した日本に対して自衛権を行使することもありえます。それは、日本が、国際法上攻撃を受けることを非難できない立場に追い込まれることにほかなりません。

戦後の日本の国際的な地位の向上は、「平和主義」と表裏一体の関係にあります。日本は他国に軍隊を送らないし、他国民を殺さない、「戦争をしない国」であると、他国から信頼を勝ち得てきたからこそ、今日ある国際的な地位を築くことができたのです。一度その信頼を失ってしまったら、取り返すには何倍、何十倍もの時間と努力が要ります。これまでの積み重ねの大切さをよく考える必要があります。

コラム6　集団的自衛権を現実的に考える

これまで集団的自衛権の行使が認められなかったために困ったことは、実は、全然ありません。

今、集団的自衛権の行使を認めないと、日本の安全は守れない、憲法を改正して集団的自衛権を行使できる国防軍を整備しようという動きがあります。

しかし、世界の緊張は、冷戦の時代にもっとも高まっていました。アメリカとソ連の二つの陣営に分かれて、相手が攻撃してきたら共倒れを承知の上で核を使うぞと牽制しあう厳しい対立がソ連解体(一九九一年)まで続き、日本は、ソ連側陣営に対する最前線の一つでした。それでも日本は、憲法九条と日米安全保障条約のもとで、軍備を前面に出さず平和国家を標榜して安全を確保し、経済大国となったのです。

では、冷戦終焉後はどうでしょう。世界の緊張がより高まったために、日本は軍事力に頼らなくてはならなくなったのでしょうか。

テロの脅威が言われますが、テロリストは国家を越えて活動しますから集団的自衛権でテロを防ぐことができないのは明らかです。

集団的自衛権が必要と主張されるとき、例に出されるのが表4の「四類型」です。

しかし、このうちⅢ、Ⅳは、集団的自衛権ではなく、PKOなど国際貢献活動で武器使用をどこまで認めるかという問題です。Ⅰ、Ⅱは、必要なら、今までの自衛権の解釈で十分に対応が可能です。何より、これらの類型は、現実を無視した机上の空論にすぎません。たとえば、Ⅰのように公海上で日本と訓練中のアメリカ艦船をめがけて先制攻撃する戦略を立てる国があるはずもなく、仮

表4　集団的自衛権の4類型

Ⅰ	公海上で自衛隊と共同行動中の米軍艦船に攻撃があったときに反撃する
Ⅱ	アメリカに向かうかもしれないミサイルを迎撃する
Ⅲ	PKO等で，他国の部隊または隊員が攻撃されたら，駆けつけて武器を使って援護する
Ⅳ	PKO等で，他国の武力行使と一体化した補給，輸送，医療等の後方支援をする

に先制攻撃が行われたとしたら、とっくに在日米軍基地もミサイルで攻撃されているでしょう。また、この場合にはアメリカ艦船への攻撃は日本の自衛隊艦船への攻撃と見ることもできますから、反撃は個別的自衛権の行使として正当化できます。Ⅱで、日本ではなく「アメリカに向かうかもしれないミサイル」を第三国の領域で撃ち落としてしまったら、日本がその第三国を攻撃したに等しく、その国が自衛権を行使して反撃すれば、日本が戦場となります。しかも、地球儀を見れば分かるように、北東アジア地域からアメリカ本土を狙うミサイルは、日本上空ではなく北極圏を通過します。飛んでくるミサイルを迎え撃つのは理論的には可能ですが、先に発射されて速度を増して飛び去りつつあるミサイルを日本から追い掛けて撃ち落とすというのはＳＦの世界です。

集団的自衛権の議論は、もう少し現実的にしたいものです。

（**升味佐江子**）

コラム７　「平和主義」「専守防衛」は国際公約

最近、「外国に対し毅然と対応しないと、国益は守れない」「自衛隊に武器を持たせて米軍と世界へ」と発言する政治家が出てきました。従来の軍事力に頼らない外交は、まるで弱虫で臆病であるかのように言われることもあります。

たしかに、自民党は、綱領で自主憲法の制定を掲げ、総裁として首相となった鳩山一郎、岸信介、中曽根康弘は、改憲論者としても有名でした。

しかし、実は、自民党政権の歴代首相たちは、日本は平和主義国家であり、国際協調主義を進め専守防衛に徹すると世界に約束し、そのことで、日本の国際的地位を高めてきました。以下の演説からも、そのことがよく分かります。

【佐藤栄作首相】（一九七〇年一〇月、国連演説）わが国の憲法は、破滅的な惨禍をもたらした第二次大戦の後に、かかる不幸を二度と繰り返すまいという決意のもとに制定されたものであり、国際連合憲章と同じ時代精神の産み出したものであります。〔中略〕憲章の掲げる恒久平和の理想はそのまま日本国民の願いであり、その旗印のもとにこそ、日本の繁栄も発展もはじめて可能であると確信するものであります。

【田中角栄首相】（一九七四年版ブリタニカ・イヤー・ブック）　私たち日本人は、三〇年前、第二次大戦の不幸な体験を通じて、力をもってすることの限界を全身で知った。そして、世界に例のない平和憲法をもち、国際紛争を武力で解決しない方針を定め、非核三原則を堅持し、平和国家として生きてきた。この間、世界では、〔中略〕戦後を支配した東西の冷戦構造はくずれ、多極化と平和共存の時代に入った。人類の英知は、明らかに、力による対決の不毛を悟りつつある。

【福田赳夫首相】（一九七七年八月、マニラ演説）　過去の歴史をみれば、経済的な大国は、常に同時に軍事的な大国でもありました。しかし、我が国は、諸国民の公正と信義に信頼してその安全と生存を保持しようという歴史上かつて例をみない理想を掲げ、軍事大国への道は選ばないことを決意いたしました。そして、核兵器をつくる経済的、技術的能力を持ちながらも、かかる兵器を持つことをあえて拒否しているのであります。これは、史上類例を見ない実験への挑戦であります。

【鈴木善幸首相】（一九八二年六月、国連演説）　我が国は、〔中略〕戦後、平和を国是とした憲法を制定しました。〔中略〕我が国は、この憲法の下、軍事大国にならないことを決意し、核兵器については、持たず、造らず、持ち込ませず、という非核三原則を国是として堅持しております。

【中曽根康弘首相】（一九八五年一〇月、国連演説）　戦争終結後、我々日本人は、超国家主義と軍国主義の跳梁《ちょうりょう》を許し、世界の諸国民にもまた自国民にも多大の惨害をもたらしたこの戦争を厳しく反省しました。日本国民は、祖国再建に取り組むに当たって、〔中略〕平和と自由、民主主義と人道主義を至高の価値とする国是を定め、そのための憲法を制定しました。我が国は、平和国家をめざして専守防衛に徹し、二度と再び軍事大国にはならないことを内外に宣明したのであります。

（**升味佐江子**）

Q13 日本は、七〇年近く一度も憲法を改正したことがありませんが、外国は時代に合わせて憲法を変えているそうです。日本の憲法改正手続きが世界各国と比べて厳しすぎるのであれば、もっと改正しやすくしてはどうでしょうか?

《憲法改正手続き》

たしかに、日本の憲法は一九四六(昭和二一)年にできてから、これまで一度も改正されていません。また、憲法改正には、国会の衆議院・参議院のそれぞれで総議員の三分の二以上の賛成を得た改正案を国民に提案し、国民投票をしてその過半数の賛成を得ることが必要という厳格な手続きが定められています(九六条)。でも、改憲されなかったのは、その条件が厳しかったせいなのでしょうか。

そもそも日本の憲法改正手続きは、世界各国に比べて厳し過ぎるということはありません。世界各国の憲法改正手続きを整理した表5を見てください。どの国にもそれぞれの歴史があり、改正手続きも様々です。単純に比較することはできません。しかし、議会で憲法改正を提案できる条件は法律をつくるときよりも厳しくし、しかも、一度改正案を可決しても数カ月の間を置いてもう一度議決しなければならなかったり、可決した後いったん議会を解散し、選挙をした上で新しい議会でもう一度可決しなければならなかったり、州ごとの州民投票をして全州の四分の三以上の承認を求めたり、日本のように国民投票をしたり、と、簡単に改正できないようにしているのが普通です。たとえば、アメリカは改正の条件として「各院の三分の二以上の賛成に加え四分の三以上の州議会の承認」を求めており、明らかに日本よりも厳しい条件となっています。韓国も、「国会の三分の二以上の賛成に加えて国民投票」を求め、しかも、国民投票には有権者の過半数が投票することを条件にしています。日本は、国民投票について最低投票率等の条件を付けていませんから有権者の三〇％、四〇％しか投票しなくてもよいのに比べて、厳しい条件となっています。日本の改正手続きが厳しすぎて「世界的に見ても、改正しにくい憲法だ」というのは俗説にすぎません。

憲法は、少数者の権利や皆が大事にしている価値を守る盾です。その盾を、あるとき多数派（国民の多数者ではなく、たまたま議会での多数者、という場合もありますね）となった集団が安易に変更し、その結果、少数者の人権が侵害されたり、多数派・少数派にかかわらず国民が共通に大事に思っている価値が簡単に否定されたり、国民一人一人が生きていく上で極めて重要な利益が侵されたりすることがないよう、改正に慎重さを求め条件を厳しくすることは、世界の多くの国が採用している「智恵」です。

それに、他の国々も頻繁に憲法を変えているわけではありませんし、改正の必要がなければ、改正しなくて当然です。もともとの憲法の決め方、国の構造で、憲法改正の要否が変わります。

憲法が国の基本的な約束ごとや運営方法を定めるものであるという点はほとんどの国で共通していますが、憲法にどの程度具体的な規定を盛り込むかは国によって様々です。たとえば、日本では戦後、衆議院について一〇回、参議院について二回、議員定数の変更がなされました。日本の憲法は「両議院の議員の定数は、法律でこれを定める」（四三条二項）と決めていますので、議員定数の変更は公職選挙法の改正で足りました。しかし、カナダや韓国は、議員定数そのものを憲法で定めているため、これを変えるたびに憲法自体を改正しています。日本も憲法に議員定数を書きこんでいたら、これまで一二回もの憲法改正が必要でした。また、ドイツのように連邦制をとる国では、各州政府と中央政府の役割分担を変えるためには憲法を改正する必要があります。日本には地方自治体がありますが、その仕組みは地方自治法を始め、法律で定めているので、その内容を変えるときは憲法改正をせずに法律の改正ですみます。

ですから、改正の回数だけを外国と比べることには意味がないのです。

また、改正の内容も検討が必要です。これまで諸外国で行われた改正は、そのほとんどが、国民の権利を広げるものや、義務を減らすもの、国家権力を分散させたり抑制したりするものです。連邦制の下で連邦と州の権限の配分を変更するものもあります。しかし、国民に憲法擁護義務を課したり、改正の要件を緩めたり、君主制を強めたりする方向で憲法改正がなされた例は、調べた限り一つもありませんでした。

憲法改正の条件が厳しすぎるから、よりよい改正ができないというのも、現実とは全く異なります。たとえば、アメリカは、大変厳しい改正条件を設けていますが、憲法制定以来、二七回の改正をしています。ほんとうに必要であれば、どの国でも厳しい条件下で改正は行われています。

日本でこれまで改正が行われなかったのは、改正の必要がなかったうえ、多数が賛成する憲法改正案が示されなかったからで、手続きが厳しかったせいではありません。ちなみに、国会では、全会一致や圧倒的多数の賛成で法律が可決されるのは、よくあることです。改正の必要があって議論し、反対派を説得しようと考えれば、憲法に関しても総議員の三分の二以上という条件をクリアすることは十分に可能なはずです。

よい改正案がなければ、賛成する人は少ないでしょう。そういうときには、ハードルを下げるのではなく、提案している改正案を見直して賛同者を増やす努力をするべきです。

憲法を改正するために、まずは九六条の改正手続きを緩和しようという主張も聞かれます。しかし、これは、自分たちの考える憲法改正に賛同者が少なく実現しそうもないので、賛同者の数に見合うようにハードルを下げたいということです。シュートが決まらないのは、ゴールが小さすぎるからだと言って、ゴールを何倍にも大きくしようとするのに等しく、公正なやり方とは言えません。

改正手続き比較

議会での表決および国民投票		議会での表決および再度の議決＋国民投票	議会での表決および州承認．(　)内は要件
すべての改正	重要事項のみ		
アイルランド，フランス	アルジェリア，デンマーク，パナマ	オーストラリア，スイス	
	スロバキア		
オーストリア，韓国，**日本**，モロッコ，ルーマニア	ウクライナ，シンガポール，コスタリカ，スーダン，スリランカ，ニカラグア，バングラデシュ，モザンビーク	スペイン	アメリカ(3/4以上)，インド(過半数)，エチオピア(全)，カナダ(全)，メキシコ(過半数)，南アフリカ(2/3以上)
フィリピン			

資料(2003年3月)に基づいて作成．両資料に相違があるときは，情報の

が成立する．
る国については，全部改正や重要事項の改正の場合を基準にしている．ま
も同様である．
され，有効投票の過半数の賛成で改正される．
の改正案は，改正案提出後6週間を経過しなければ先議の議院で審議でき
の文言で表決された後に人民投票にかけられる．議会を通過した政府提出
の承認が必要とされ，この場合には人民投票は要求されない．

表 5　各国・地域の憲法

	議会の表決	議会での表決および再度の議決		
		同一構成の議会で一定期間経過後に	選挙後の議会で	憲法会議／両院合同会議で
過半数		イタリア	スウェーデン	
5分の3	チェコ	ブラジル		ロシア
65%	ケニア			
3分の2	アルバニア，クウェート，チリ，ドイツ，ネパール，パキスタン，ポーランド，ポルトガル，マレーシア，モナコ，ラオス，中国	エクアドル，トルコ，ペルー，ベラルーシ	アイスランド，オランダ，ノルウェー，フィンランド，ベルギー	ハイチ，パラグアイ
4分の3	シリア，ブルガリア，モンゴル			台湾

出所：衆議院憲法審査会事務局作成資料(2013 年 5 月)および国立国会図書館作成
新しさに鑑み，前者に依拠した．
1)　イギリス，イスラエル，ニュージーランドは通常の法律と同じ要件で憲法改正
2)　一部改正と全部改正や，重要事項とそうでない事項とで改正手続き要件が異な
た，議会通過後に大統領による差し戻しなど特別の手続きが定められている場合
3)　イタリアでは，議員の 5 分の 1 から異議が出された場合には，国民投票に付
4)　フランスでは，冷静に考慮する期間を設けている．政府提出改正案／議員提出
ず，また後議の議院も送付後 4 週間を経なければ審議できず，かつ両議院で同一
の改正案が大統領によって両院合同会議に付託された場合には，5 分の 3 の多数

コラム8　憲法改正の頻度と難易度

憲法も法律も、国家の制度設計です。制度は、実際の運用を念頭に置いて設計される必要があります。期待通りに制度が機能しなければ、まず、期待通りに機能するように運営方法を工夫します。それでもまだ問題が解決しなければ、制度の手直しをしますし、さらには、設計を根本からやり直すことも考えなければなりません。憲法も、制定時の期待と現実とのギャップを解釈で補いますが、それでもしっくり来ないならば改正するというのが、普通考えられる選択です。日本では、日本の憲法が六〇年以上改正されていないのは、改正手続きが他国の憲法と比較して厳格だからという意見がしばしば見られます。これによると、憲法改正手続きの「硬性度」と憲法改正の頻度には「正の相関関係」があるということになります。ですが、憲法改正手続きを制度設計の観点から分析したアメリカの政治学者ドナルド・ルッツは、一九九四年の論文で、改正手続きの「硬性度」以上に改正頻度に大きな影響を及ぼす要素として、憲法の「長さ」(語数)に注目すべきであると述べています。

ルッツは、ある程度の期間存続している憲法の存続期間年数を改正の頻度で割った「憲法改正頻度」という指標と、憲法改正案の発議権の所在と発議手続き、そして、憲法改正案の承認手続きそれぞれの難易度指標を設定し、その組み合わせを、四〇カ国の憲法について(一九九二年の情報に基づいて)検討しています。

改正頻度の上位一〇カ国と下位一〇カ国のリスト(表6)を見ると、明らかに改正頻度は改正難易度と無関係ではありません。しかし、平均的な改正難易度であっても頻度が高くない国々の憲法は、相対的に語数が少なく、一万語に満たない六カ国が下位一〇カ国に入っているという特徴は無視できません。たくさん条文がある憲法は、それだけ対象事項が多く、具体的な規定となっているので、様々な変化に対応するために頻繁に改正されるという推定が成り立ちます。

(**紙谷雅子**)

表６　憲法改正の頻度と難易度

	改正頻度	改正難易度	語数	寿命(年)
ニュージーランド	13.42	0.50[1)]	180,000	40
インド	7.29	1.81	95,000	42
パプア・ニューギニア	6.90	0.77	53,700	17
ポルトガル	6.67	0.80	26,700	15
オーストリア	6.30	0.80	36,000	17
ブラジル	6.28	1.55	58,400	18
マレーシア	5.18	1.60	91,400	35
スウェーデン	4.72	1.40	40,800	18
ケニア	3.28	1.00	31,500	18
ドイツ	2.91	1.60	22,400	43
平均値	**2.54**	**2.50**	**29,400**	**52**
アイルランド	0.55	3.00	16,000	55
イタリア	0.24	3.40	11,300	46
ベネズエラ	0.24	4.75	20,500	25
アイスランド	0.21	2.75	3,800	48
フランス	0.19	2.50	6,500	24
スペイン	0.18	3.60	8,700	24
デンマーク	0.17	2.75	6,000	39
アメリカ	0.13	5.10	7,400	203
オーストラリア	0.09	4.65	11,500	91
日　本	**0**	**3.10**[2)]	5,400	46

出所：Donald S. Lutz, "Toward a Theory of Constitutional Amendment," *The American Political Science Review* (***APSR***), vol. 88, no. 2, pp. 355–70 (June 1994), Table C-1を編者が改変.

1)　1992年のニュージーランドの統治に関する基本的な取り決めは，議会の通常の法律，条約，憲法習律に基づく.

2)　衆参両院の総議員の３分の２以上の多数の決議による発議1.60＋国民投票による過半数の承認1.50.

Q14 国民主権というのなら、憲法改正を発議する手続きをもっと簡単にして、最後は国民投票で決める方がよいのではないですか？

《憲法改正と民主主義》

「国民主権なのだから、最後は国民みんなで投票して多数決で決めるというのが究極の民主主義ではないですか。国民に改正を提案するのに、普通の法律を決めるときよりもハードルを上げるほうがおかしいですよ」と言う人もいるかもしれません。

ところが、憲法は、多数決に絶対の信頼を置いているわけではないのです。みんなで考えて採決し、多数で決めた結論は正しいことが多いのですが、ときには間違えることもあります。多数決で決まる結論がいつも正しいとは限りません。憲法は人権を守るために国の根本的なあり方を決めたものですから、多数決の結論が間違っていたら、国民一人一人が生きていく上で極めて重要な利益が侵されたり、国の基本的な運営方法にとんでもない欠陥が生じて取り返しのつかない事態になってしまうかもしれません。

そこで、憲法は、普通の法律をつくるときとは異なって、Q13への回答で述べたように、憲法改正には、国会の衆議院・参議院のそれぞれで総議員の三分の二以上の賛成を得た改正案を国民に提案し、国民投票をしてその過半数の賛成を得ることが必要という厳格な手続きを定めています。過半数と三分の二の大きな違いは、反対派との割合です。過半数でよいのであれば、五一対四九でもよいことになります。賛否が拮抗《きっこう》していても、議決の結果、約半数の意見によって憲法改正が国民に提案されます。他方、三分の二であれば、六七対三三となります。つまり、反対派にダブルスコアの差を付けなければ、憲法改正の提案はできないのです。

過半数の議決で成立する法律は、多様な利害を調整しつつ、現実の問題を解決したり、政策を前に進めたりするために制定されます。そして、多数の横暴によって人権を決定的に侵す法律がつくられたときには、裁判で憲法違反を理由に争うことができます。多数決で成立した法律が憲法に違反していて無効になることもあります。しかし、憲法を改正した場合はそうはいきません。憲法は、すべての法律、制度を統制する、社会の根幹に関わるルールです。多数の横暴によって、本来みんなが持っているはずの人権を否定するような憲法ができてしまったら、憲法が無効だといって争う道はありません。そういうことのないように、慎重な手続きが必要なのです。

また、多数決による間違いを減らすためには、結論を出すまでに、みんなが自分の知識を持ち寄り、少数意見、反対意見、ときにはずいぶん変わって見える意見にも耳を傾け、いろんな面から問題を検討し、よく話し合う過程があることが大切です。これは、国会に限らず、みんなで何かを決めるときも同じですね。賛成か反対かだけを手を挙げて決めるよりも、皆であぁでもないこうでもないと議論をすることで、それまで気がつかなかった問題を見つけたり、絶対折り合えないと思っていた点に解決の妙案が見つかったりします。

現在、世界のほとんどの国では選挙によって選ばれた代表者が議会で議論して法律をつくり、政策を決める間接民主制が行われています。これは、国民の数が多すぎて、みんなが集まって議論して決める直接民主制が不可能であるからだけではありません。選挙によって正当に選出された立法の専門家(国会議員)が、自分の全人生経験をもとに、叡智《えいち》を振り絞り、各分野の専門家から意見を聞いたり調査をしたりして、十分な時間をかけてそれぞれの意見をぶつけ合って徹底的に討議した上で決める、という過程に意味があるからなのです。

憲法についても、同じです。憲法改正が必要か否か、どこをどう改正するのか、将来間違った解釈がされないように文章の表現のしかたをどのようにするか、あらゆる問題について議論し、いろいろな意見を入れて修正する過程は、法律や政策を決めるとき以上に重要です。賛成か反対か、どちらかしか選べない国民投票に全てをゆだねる危険を十分に考える必要があります。

世界各国を見ても、憲法改正については、○か×かの判断を迫る国民投票に潜む危険性にも配慮して、多くの国で、議会で特別に多くの賛成を必要とすると決めています。その上で、国民投票を設けている国の中には、イタリアやフランスのように、国民の側が議会の提案する改正案にストップをかけられるように、つまり国民投票を議会の提案に対する国民の「ノー」の意思表示、拒否権行使として位置づけている国もあります。逆に、議会では特別に多い割合の賛成が必要だと決めながら、国民投票の制度はない、または、議会で特別に多い割合の賛成を得られたときは、国民投票をしなくてもよいとしている国もあります。これらの国が、国民を信じていない非民主主義国でないことははっきりしています。国の根本をかたちづくる憲法の改正については、間違いのないように慎重な議論をする過程こそが大事なのです。

憲法は、権力を独占する国と、権力を委託する国民との間の約束ごとです。国家権力は、怪物（リバイアサン）にもたとえられる強大な力です。憲法は、そんな強大な国家権力を縛る鎖として機能します。だから、権力を行使する側は、憲法を変え、鎖を緩めることを望みます。そして、憲法を変えやすくするために改正手続きを緩め、議会での面倒な論議を避けて、○か×かの選択を迫るだけの国民投票にもちこみたいと望むのです。

日本は議院内閣制を採用し、国会で多数を占める政党が中心となって過半数の議員を掌握する与党陣営を構成して内閣を組織します。国会議員の過半数の賛成で憲法改正を提案できるようにすると、与党が好きなタイミングで好きなテーマだけを国民投票にかける危険もあります。九条を改正したい政党が与党であれば、国際情勢がもっとも緊迫した情勢を見計らって九条改正だけを提案できます。政府のやり方に反対するメディアやデモを「公の秩序」「公益」に反するとして排除できる法律をつくろうという政党が与党なら、今の憲法の表現の自由の項目に、「ただし、公の秩序、公益に反しない限度で、これらの自由を尊重する」という一行を付けたす案を提案するかもしれません。国民投票だけを歯止めとして、国会で過半数の議席を持つ与党が憲法改正を提案できるようにするのは危険です。しかも、日本の憲法は国民投票の条件として最低投票率も定めていませんし、国民投票法にも決まりはありません。そのため、たとえば、一億三〇〇〇万人の国民のうち有権者が一億人で投票率が四〇%、四〇〇〇万人が投票したとすると、二〇〇〇万人を一人超えただけの賛成で憲法は改正されます。有権者全体からすると、五分の一、人口全体からすると実に六分の一に満たない賛成に過ぎなくても、憲法は改正されます。

今の憲法改正手続きは、国民主権の象徴的な手段である国民投票に潜む危険性にも配慮し、人権を守る仕組みとしての憲法の重要性をよく考えたものなのです。

コラム9　もしも憲法を変えるなら

日本国憲法は議院内閣制を採用し、立法府の多数派に政策立案と決定の権限を、行政府に政策実現と監視・監督の権限を与え、さらに、司法審査を司法府の権限として加味しました。二一世紀の現在、他国の憲法には、立法・行政・司法から独立した選挙委員会、国内人権機構、憲法裁判所が定められているものもあります。

近年の最高裁判所の議員定数判決に対する国会の姿勢を見ていると、国会からも独立し、かつその選挙区割りに関する判断が国会を拘束する独立選挙委員会を新たに設けることは大変魅力的です。

独立した国内人権機構を設置するよう国連から勧告を受けて、日本政府は法務省や内閣府に付属する人権擁護機関をつくろうとしましたが、行政機関の一部としてつくるのでは、国際的な基準を満たすことができません。もしも憲法を変えるのなら、ぜひ積極的に検討してほしい項目です。

憲法裁判所は、立法や行政が憲法に適合しているかどうかを判断する政治的機関の一つです。当事者からの主張だけでなく、紛争を社会的、政治的、場合によっては国際的に判断し、決定することが期待されています。法律上の問題をより広い観点から判断することのできる憲法裁判所も、もしも憲法を変えるのなら真剣に検討すべきです。

そして、二院制議会では第二院（日本では参議院）のあり方は、議員の選出過程と不可分です。立法府のあり方自体、時代とともに変化しています。一七世紀、統治機構の権限を一カ所に集中させないために権力の分立が打ち出されました。一九世紀には、選挙権の拡大、普通選挙の実現、選挙の結果を反映する議会・議院（第一院。日本では衆議院）の権限強化と、選挙によらない議院（第二院）の権限の制限が行われました。二〇世紀になると、女性、先住民、投票年齢引き下げなど、選挙権はいっそう拡大しました。そして、一票の価値平等の追求は、今日も進行中です。日本のように第一院と第二院に同じルールを当てはめて議員を選出するのは、多様な人々の見解を国政に反映するという観点から見ると、工夫がなさ過ぎます。第二院の選挙では地域性や人々の属性を考慮するなど、第一院とは異なる手法の採用が必要です。

立法府の代表性を強調すると、数の論理をむやみやたらと主張し、人々の権利と自由に対する思慮に欠けた判断をすることが多くなります。二〇世紀後半には、国連憲章や世界人権宣言に見られるように、人々の権利と自由という原理の普遍性が広く承認されるようになりました。「多数の横暴」に対抗できない孤立した個人を守ること、統治機構の権限逸脱や濫用を抑止することが重要だとして、多くの国々の憲法では、立法府や行政府の行為に対するチェックを司法府と憲法裁判所が担うようになりました。

二一世紀にふさわしい憲法をめざすならば、以上の点について徹底的な議論が必要です。

（**紙谷雅子**）

おわりに

二〇一四(平成二六)年は、憲法にとってどんな年になるのでしょうか。

私たちは、今、強い危機感をもっています。

日本国憲法の理念は、一九四六(昭和二一)年に忽然《こつぜん》と日本に出現したものではありません。人類の人権を求める長い歴史と当時の世界が到達した叡智を取り込んで、日本を滅びる瀬戸際にまで追い込んだ言論の封殺と軍部の暴走の歴史への強烈な反省をもとに、新たに主権者となった当時の国民が獲得した成果です。

それが、今、人権の歴史や今の世界の趨勢《すうせい》に学ぶことなく、明らかに間違った事実を前提に含む雑駁《ざっぱく》で乱暴な批判を浴びて押しつぶされようとしています。

このブックレットが、戦後六〇年以上の間、様々に改善の余地を指摘されながらも、日本が平和のうちに繁栄し、国際社会で一定の尊敬を得る根拠となった憲法の価値を、読者の方々が再認識するきっかけとなることを祈ります。

二〇一四年一月

公益社団法人　自由人権協会

自由人権協会

基本的人権の擁護を唯一の目的とする公益社団法人．日本国憲法が施行された1947年に設立され，現在は，表現の自由，知る権利や外国人の人権を中心に研究・提言をするほか，人権訴訟の原告支援などの活動を展開している．弁護士，法学者，市民が参加．国際人権連盟(ILHR)，国際法律家連盟(ICJ)の加盟団体であり，2003年7月，国連経済社会理事会の特別協議資格を取得．定期刊行物に『UNIVERSAL PRINCIPLE』『JCLU News Letter』がある．
ウェブサイト：http://www.jclu.org/

改憲問題Q＆A　　岩波ブックレット 891

2014年2月4日　第1刷発行
2014年7月4日　第2刷発行

編　者　自由人権協会《じゆうじんけんきょうかい》

発行者　岡本　厚

発行所　株式会社 岩波書店
〒101-8002 東京都千代田区一ツ橋2-5-5
電話案内 03-5210-4000　販売部 03-5210-4111
ブックレット編集部 03-5210-4069
http://www.iwanami.co.jp/hensyu/booklet/

印刷・製本　法令印刷　　装丁　副田高行　　表紙イラスト　藤原ヒロコ

© The Japan Civil Liberties Union 2014
ISBN 978-4-00-270891-1　　Printed in Japan

読者の皆さまへ

岩波ブックレットは，タイトル文字や本の背の色で，ジャンルをわけています．

赤系＝子ども，教育など
青系＝医療，福祉，法律など
緑系＝戦争と平和，環境など
紫系＝生き方，エッセイなど
茶系＝政治，経済，歴史など

これからも岩波ブックレットは，時代のトピックを迅速に取り上げ，くわしく，わかりやすく，発信していきます．

◆岩波ブックレットのホームページ◆

岩波書店のホームページでは，岩波書店の在庫書目すべてが「書名」「著者名」などから検索できます．また，岩波ブックレットのホームページには，岩波ブックレットの既刊書目全点一覧のほか，編集部からの「お知らせ」や，旬の書目を紹介する「今の一冊」，「今月の新刊」「来月の新刊予定」など，盛りだくさんの情報を掲載しております．ぜひご覧ください．

▶岩波書店ホームページ　http://www.iwanami.co.jp/◀
▶岩波ブックレットホームページ　http://www.iwanami.co.jp/hensyu/booklet◀

◆岩波ブックレットのご注文について◆

岩波書店の刊行物は注文制です．お求めの岩波ブックレットが小売書店の店頭にない場合は，書店窓口にてご注文ください．なお岩波書店に直接ご注文くださる場合は，岩波書店ホームページの「オンラインショップ」（小売書店でのお受け取りとご自宅宛発送がお選びいただけます），または岩波書店〈ブックオーダー係〉をご利用ください．「オンラインショップ」，〈ブックオーダー係〉のいずれも，弊社から発送する場合の送料は，1回のご注文につき一律380円をいただきます．さらに「代金引換」を希望される場合は，手数料200円が加わります．

▶岩波書店〈ブックオーダー〉　☎049(287)5721　FAX 049(287)5742◀